운동장으로 출근하겠습니다

운동장으로 출근하겠습니다

보니, 제이시, 카야, 파인, 그린, 제인,
젤다, 샌디, 지젤, 엘라, 로지 지음

판교 여성 직장인들의 그라운드 프로젝트

바른북스

일러두기

- 이 책은 카카오 그룹 여성 풋살 동호회 '팀카카오' 팀원 11명이 쓴 공동 저자 도서입니다.
- 동호회에서도 회사와 동일한 영어 이름을 사용하고 있으며, 책에는 영어 이름의 한글 발음으로 표기되어 있습니다.
- 축구와 풋살에는 형식의 차이가 있지만, 이 책에는 축구와 풋살 명칭을 혼용하여 사용하였습니다.
- 이 책에 자주 등장하는 '판교 리그'는 2022년 7월부터 판교 근방의 회사 동호회들과 자체적으로 진행하고 있는 친선 목적의 리그입니다.

• 프롤로그 •

퇴근 후 다시 시작되는
우리의 이야기

- 보니

2021년 12월. 회사 사내 게시판에 'SBS 골 때리는 그녀들'의 포스터가 한 장 올라왔다. 축구 아카데미에 자녀를 보내고 계시던 한 분의 축구 레슨 모집 글이었다. "어머니반이 생긴다는데 같이 하실 분 없으신가요?"라는 글에는 "아…… 엄마가 아니어도 해도 될까요?", "미혼이어도 괜찮을까요?" 등의 기혼/미혼 관계없이 많은 여성 동료의 뜨거운 관심의 댓글이 달렸다. 우리의 시작은 놀랍게도 '어머니반'이었다(이 글의 저자 중에 어머니는 아무도 없지만 말이다).

그렇게 카카오 그룹 여성 풋살 동호회 '팀카카오'가 시작되었다. 다른 회사 동호회와 조금 다른 점이 있다면 우리는 여러 계열사가 함께한다는 점인데, 한 회사로서의 '문화'는 함께 공유하되 사실상 같은 회사는 아닌 동료 사이인 것이다. 회사의 창립기념일도, 휴일도, 재택근무 여부도 다른 별개의 회사지만 하나의 문화를 공유하는 구성원이라는 점이 우리를 느슨하면서도 끈끈한 관계로 이어져 오게 하고 있다.

회사 동료들과 축구를 같이 한다는 것은 생각보다 더 즐겁고 묘한 해방감을 준다. 사무실 안에서 지켜오던 직장인으로서의 퍼스널 스페이스가 잔디를 밟는 순간 사라지기 때문이다. 몸싸움이 필수적인 축구에서는 자연스레 몸을 부딪쳐야 하고, 향수 냄새보다는 땀 냄새를 더 먼저 기억하게 되며, 발소리보다 서로의 숨소리를 더 가까이에서 듣게 된다. 어느새 각자의 퍼스널 스페이스로 서로를 들이게 되는 것이다. 또한, 통성명과 함께 나이를 확인하는 위계질서가 강한 한국 사회에서 우린 직장에서 만난 사이임에도 불구하고 서로의 나이나 결혼 여부, 축구 이외의 취미나 개인사에 대해 오랜 기간 모르며 지냈다. 마치 인터넷 세상에서 만난 덕질 메이트처럼 "축구는 왜 재밌을까요.", "골대 앞에서 정말 침착하시네요." 등 왜 이렇게 축구가 재밌고 또 우리는 왜 선수도 아니면서 미치도록 잘하고 싶은지, 운동장 안에서 서로의 장점이 무엇인지에 대해 말하기에 바빴다. 운동장이 아닌 회사에서 우연히 마주칠 적에는 '너도 오늘 힘들구나. 얼른 퇴근하고 같이 공 차러 가자.'라는 우리만이 아는 응원의 눈짓을 주고받는다. 힘든 사회생활 중 운동장의 동료를 마주하는 것 자체가 잠시나마 숨통이 트이게 해준다고나 할까?

일주일에 못 해도 한 번, 많게는 5~6번씩 같이 공을 차고 같이 축구에 대해 떠들다 보니 어느덧 농도 짙은 3년이라는 시간이 흘렀다. 우리는 그동안 함께 나눴던 감정과 기억, 혹은 오래 마음속에 간직해 둔 이야기를 꺼내보기로 했다.

내성적이거나 혹은 외향적이거나, 이과생이거나 혹은 문과생이거나. 운동장 밖에서는 너무도 다른 직장인의 모습으로 살아가고 있는 10명의 동료와 이 책을 함께 썼다. 우리는 왜 오늘도 퇴근하고 운동장으로 다시 출근하는지, 도대체 축구와 팀 스포츠의 매력이 무엇인지, 평범한 직장인들이 축구를 하며 느꼈던 희로애락과 동지애가 이 책에 담겨 있다.

코로나로 무기력하던 시기에, 사회생활을 막 시작하던 신입 시절에, 10년 차가 넘어 새로운 무언가가 필요했던 찰나에. 각자 인생의 다른 순간에서 우연히 마주한 축구, 그리고 우리. 지금 각자의 인생의 사이클은 다르지만 가장 빛나는 시기를 함께 지나며 서로가 서로의 가장 찬란한 모습을 기억하고 사랑해 주고 있다. 그렇게 우리는 오늘도 함께 사무실에서 퇴근 후 다시 운동장으로 출근을 한다.

목차

프롤로그
퇴근 후 다시 시작되는 우리의 이야기 / 보니

이렇게 내향적인 사람도 팀 스포츠 할 수 있나요? / 제이시	12
println("Hello, World! And Kick the BALL") / 카야	26
수상한 와이프 / 파인	40
안녕하세요, 팀카카오 주장입니다 / 보니	52
잔디 위 거북이 / 그린	68
취미 부자에게 생긴 새로운 취미 / 제인	84
골대를 향한 도전, 나를 향한 도전 / 젤다	100
출석률이 낮은 자, 지갑의 무게를 감당하라 / 샌디	114

이럴 거면 우리가 돈 모아서 이 풋살장 사자 / 지젤　　126

부상 끝, 새로운 출발선으로 / 엘라　　140

운동장, 모든 순간의 교차점 / 로지　　154

에필로그
모두의 러브레터 / 파인
진심과 미숙함을 담은 우리의 그라운드 / 엘라

운동장으로 출근하겠습니다

이렇게 내향적인 사람도 팀 스포츠 할 수 있나요?

제이시

유난히 내성적이었던 코시국의 인프제

풋살을 잘하려면 흔히들 운동 신경이나 체력이 중요하다고 생각할 것이다. 하지만 의외로 그보다 더 요구되는 덕목이 있었으니, 바로 적극성과 친화력이다. 혼자 하는 운동이 아니라 여럿이 함께하는 팀 스포츠이다 보니 같이하는 사람들과 친해져야 확실히 합이 잘 맞는다. "헤이!", "들어가!", "몇 번 수비 비었어!" 등 큰 목소리로 외쳐주는 적극적인 콜 플레이도 필수다.

우리 팀원들끼리만 으쌰으쌰 한다고 다 되는 게 또 아니다. 친선 경기를 잡을 때, 구장은 있는데 인원은 안 모여 용병을 모집할 때, 구장도 없고 인원도 없는데 공은 차고 싶어 '플랩'과 같은 소셜 매치에 나갈 때 등등……. 언제나 풋살엔 사람이 필요하다. 다른 팀 선수들, 그리고 근처 풋살장에서 수상할 정도로 자주 마주치는 얼굴들도 하나둘씩 알아가며 내적 친밀감도 쌓고 인스타 팔로잉 목록도 쌓아야 한다. 이렇게 풋살은 필연적으로 사람들과 어울리고 부대끼며 할 수밖에 없는, 아주 지독히 외향적인 운동이다.

 나는 INFJ다. 이미 한철 지난 떡밥인 MBTI를 대뜸 밝히는 이유는 MBTI 테스트 피셜 무려 96%의 내향성을 자랑(?)하는 대문자 'I'라는 특수성을 굳이 설명하고 싶어서다. 팀 스포츠 같은 건 엄두도 못 냈고, 3명 이상의 사람들과 한자리에 있기만 해도 기가 쪽쪽 빨려서 피해 다니기 바빴다. 뭐든 혼자 하는 게 제일 스트레스도 없고 편했다. 이런 내가 살면서 가능한 한 피하고 싶어 하는, 가장 힘든 일은 새로운 사람을 만나고 알아가는 일이었다.
 코로나로 비대면이 일상이 되고, 사람 만나기에도 조심스러웠던 시기가 나 같은 극내향인에게는 오히려 편한 환경이었겠다고 생각할 수도 있겠다. 하지만 돌이켜 보면 인생에서 가장 힘든 시기 중 하나였다. 자의로든 타의로든 '혼자'라는 틀 안에 스스로를 오래 가둬두다 보니, 햇볕을 쬐지 못한 화분처럼 사람도 시들시들해질 수 있다는 걸 처음 알았다.
 길고 어두운 터널을 빠져나오지 않으면 위험할 것 같다는 생각이 들었을 때 평소 나라면 절대 안 하는 '미친 짓'을 한번 해보면 출구를 찾을 수도 있으려나? 하는 생각이 들었다. 강제로라도 일주일에 한 번은 밖에 나가 사람을 만나는 모험을 결심했다. 당시 여자 연예인들이 축구하는 예능 프로그램이 파일럿 방영 중이었다. 그래, 이거다 싶었다.

마침 우리 지역에 창단하는 여자 풋살 팀이 있어 마음먹은 타이밍에 바로 시작할 수 있었다. 처음 보는 다양한 연령대의 초보 여성들과 함께 매주 일요일마다 공을 찼다. 안 그래도 낯가림이 심한데 마스크로 말 그대로 얼굴 낯까지 가려버리니 더더욱 다른 사람들과 친해질 용기가 나지 않았다. 매주 훈련이 끝나면 기어들어 가는 목소리로 "고생하셨습니다." 하고 누가 말 걸까 봐 도망치듯 집에 갔다. 만난 지 1년이 다 되어가는데 팀원들에 대해 아는 거라고는 머리부터 눈까지의 얼굴, 그리고 유니폼에 영어로 적힌 이름 두 글자가 전부였다. 그 당시 풋살은 나에게 운동장을 마음껏 뛰어다닐 수 있는 자유, 체력을 기르는 운동, 골을 넣었을 때의 쾌감 정도의 의미였다. 팀워크, 팀 플레이 같은 건 잘 모르겠고 그냥 내가 밖에 나가서 뭐라도 한다는 게 중요했다. 물론 그것만으로도 충분히 재밌어서 일요일이 아닌 평일에도 또 하고 싶어질 정도로 푹 빠져 있었다.

제이시의 두 번째 생일

'골 때리는 그녀들'의 인기에 힘입어 우리 회사에도 여자 풋살 동호회가 생긴 건 이미 알고 있었다. 가입하기까지 몇 달이나 망설였던 이유는 또 새로운 사람을 만나 다시 처음부터 알아가야 하는 부담이 있는데, 이번에는 심지어 같은 회사 사람들이라는 장벽이 너무나도 컸기 때문이다. 동호회에는 협업했던 부서 직원도 있었고, 서로 이름만 아는 사이였던 애매한 관계들도 있었다. 워라밸이나 통장 잔고는 못 지켜도 퍼스널 스페이스만큼은 죽었다 깨어나도 지켜야 하는 극내향인에게는 세상 중대한 고민이었다. 하지만 결국 풋살을 주 2회 하고 싶은 마음이 이겨버렸다.

큰 용기 내어 나간 팀카카오 첫 훈련은 예상했던 것보다 훨씬 더 어색했고 재미도 없었다. 당시에는 다른 팀원들도 서로 겨우 이름만 아는 사이라 서먹했다고 하고, 시작한 지 2~3개월밖에 안 되어 기본 드리블과 패스 연습만 반복했기 때문이다. 이건 비밀인데 사실 그땐 매주 그만둬야겠다는 생각으로 훈련을 나갔다. 갑자기 회사 일이 바빠져서, 목요일에 다른 일정이 생겨서, 운동을 좀 줄여야 할 것 같아서……. 온갖 핑곗거리를 생각해 갔다가 낯가리는 성격 탓에 팀 주장한테 먼저 말을 걸지도 못해 그만두지도 못했다.

여전히 주장에게 은밀하게 말 걸기를 시도하던 한 달 차였던 2022년 5월 무렵, 단톡방에서는 첫 대회 출전 이야기가 오갔다. 나는 다수의 팀원들보다 1년 먼저 풋살을 시작했다는 이유로 참가 제안을 받았다. "사실 저는 탈퇴할 생각인데요."라는 말을 꺼내지 못해 물론 거절도 못했다. 그렇게 정신 차려보니 팀카카오 이름을 달고 초보 여성 직장인 동호회 리그 출전 선수로 등록이 되어 있었다. 합을 맞춰보기는커녕 같이 뛰는 팀원들의 이름을 겨우 외웠고, 대회 당일 처음 보는 얼굴들도 있었다.

모든 게 어색했던 왕초보 팀이 대회 날 갑자기 뛰어난 합을 보여줬을 리는 없다. 마지막 경기만을 앞둔 시점까지 한 골도 터지지 않았다. 당일 주전 공격수로 뛰었던 나는 번번이 골 찬스를 놓친 나 자신에게 화가 많이 났고, 상대적으로 출전 시간이 짧았던 초보 팀원들에게, 또 묵묵히 수비를 맡아준 베테랑 팀원들에게 미안한 감정도 들었다. 원래도 소극적인데 부담감에 소심해지기까지 한 극내향인은 '나만 잘하면 된다.'는 생각으로 이 악물고 마지막 경기를 뛰었다.

그러다 한번 원기옥을 모아 골문 앞에서 야심 차게 슈팅을 했는데 상대 팀 골키퍼가 선방을 했다. 순간 나는 보기 드문 침착함을 발휘해 키퍼의 발을 맞고 튕겨 나온 공을 왼발로 한 번 더 찼다. 근데 어? 됐다……. 골!! 공이 확실히 그물망 안에 꽂힌 걸 두 눈으로 확인하자마자 괴성을 내지르며 그 자리에서 주저앉았다. 팀원들이 진심으로 기뻐하며 달려와 나를 일으키며 안아주는데, 하루 종일 찐하게 같은 감정을 나눈 이들의 얼굴이 생생하게 보였다. 분명 낯설지만 불편하지 않았다. 그 얼굴들은 '다른 사람'이 아닌 '우리'라고 느껴졌다. 그 순간 어떤 거대한 물결이 내 안에 깊게 밀려 들어오는 느낌을 받았다. 왠지 이 얼굴들과 아주 지독하게 엮이게 될 것 같다는 느낌.

그 경기에서 팀카카오는 브린의 골, 그리고 나의 추가 골(사실 이 골이 더 멋있게 들어갔다)로 3:1을 기록하며 첫 승리를 맛봤다. 득점이 없었던 이전 경기에서는 다행히 실점도 없었으므로, 예상 못 한 대상을 받은 어느 배우처럼 첫 출전 대회에서 얼떨결에 준우승을 해버렸다. 우리가 더 지독하게 엮일 수밖에 없는 명분마저 생겨버렸다. 사실상 처음 보는 사람들과 그렇게 밤늦도록 먹고 마시고 떠들며, 짧은 시간 안에 서로에 대해 아주 많은 걸 알아간 그날의 뒤풀이는 극내향인의 인생에 기록할 만한 대형 사건이었다.

그날이 과몰입의 시작이었다. 맨날 집에만 있다가 심심하면 밖에 나가 공을 차고 맥주와 수다로 마무리하는 코스가 일상이 된 게. 누군가에게 마음을 터놓으려면 최소 1년이란 시간이 필요했던 내가 만난 지 불과 몇 주 안 된 사람들 앞에서 무장 해제되어 버리는 게. 마음 편히 혼자 있는 게 제일 소중했던 삶에서 팀카카오가 우선순위가 된 게. 팀카카오의 역사적인 첫 골과 함께 제2의 인생이 시작된 셈이다. 반농담으로 "팀카카오를 만나고 다시 태어난 것 같다."라고 소감을 말했다가 첫 대회 날이었던 매년 5월 15일에 '제이시의 두 번째 생일' 축하를 받고 있다. 사실 나의 골보다도 우리들의 풋살 열정에 불씨를 지폈던 그날을 기억하자는 마음으로 뻔뻔하게 1년에 생일 축하를 두 번씩 받고 있다. 후훗-.

풋살 햇병아리들이 가르쳐 준 팀워크

그해 가을, 팀카카오와 엔씨소프트, 포스코의 여자 풋살 동호회가 모여 3파전 경기를 하는 '판교 리그'가 시작되었다. 외부 경기까지 와서 우리를 지도해 줄 코치가 없었기 때문에 팀카카오는 3개 조로 나눠서 조별로 자체 훈련을 하고 리그 출전 라인업을 짜기로 했다. 나는 팀카카오 첫 골 주인공이라는 이유로 B조 조장을 맡게 됐다.

당시 나를 제외한 조원들은 풋살을 시작한 지 반년도 안 된 왕초보였는데 한창 열정이 넘칠 때였다. B조 조원들은 항상 훈련 출석률도 제일 높았고, 심지어 하루에 훈련 두 탕을 잡아도 지친 기색 없이 웃으며 열심히 해줬다. 조원들의 열정에 더 책임감이 생겨 열심히 준비했다. 퇴근 후 밤새 풋살 유튜브를 찾아보며 다음 전술 훈련 커리큘럼을 짜고, 지난 연습 영상을 돌려보며 개인의 장점을 잘 살릴 수 있는 포지션과 매치 라인업을 엑셀로 수십 개씩 그려가며 고민했다. 혹시 내가 풋살 코치로 전향했나? 싶을 정도로 과몰입하던 때였다. 특히 공격 상황에서 반대쪽 골대로 뛰어 들어가는 움직임을 약속하는 '파포스트 전술'은 연습을 거듭할수록 제법 합이 잘 맞아 가능성이 보였다. 이렇게 맞춰본 게 실전에도 나온다면, 그래서 모두 성취감과 희열을 느낄 수 있다면 이 정도 수고쯤은 아무것도 아니었다.

마침내 리그 당일. 풋살 햇병아리였던 B조 6명은 비장하게 어깨동무를 하고 연습한 만큼만 하자고 결의를 다진 후 엔씨소프트와 맞붙었다. 쉽지는 않았지만 걱정했던 것보다는 제법 경기가 잘 풀렸다. 내가 공을 찔러주면 반대쪽에 있는 팀원이 골대로 뛰어 들어갈 거란 확신이 있었고, 내 쪽에서 수비가 뚫리면 뒤에서 보고 있던 팀원이 움직여 줄 거라는 믿음이 있었다. 특히 '파포스트 전술'이 얼추 비슷하게 나왔을 땐, 비록 간발의 차로 골로 이어지지는 못했지만 이미 이긴 것처럼 세상 뿌듯하기도 했다.

이게 말로만 듣던 팀워크라는 걸 그때 깨달았다. 모두가 한마음으로 열심히 합을 맞춰보며 노력했을 때 실전에서 패스도 잘 맞고, 같이 플레이를 만들어 가는 보람도 있다는 걸. 그 노력의 결과를 증명하듯이 제인이 아주 시원하게 골을 넣었고 1:0으로 경기가 마무리됐다. 종료 휘슬이 울리자마자 울부짖으며 달려가 서로를 얼싸안았던 그 순간의 짜릿함은 평생 잊지 못할 것이다. 나 혼자 아득바득 넣었던 첫 골보다도 훨씬 값진, 6명의 노력과 시간들이 쌓여 함께 만든 '우리'의 첫 골. 이게 되네!

진정한 팀워크의 맛을 알게 된 후로 더 이상 '내가 넣은 골'은 중요하지 않아졌다. 대신 그다음 경기에서 나에게 기가 막힌 2:1 패스를 두 번이나 찔러준 지젤의 어시스트와 또 운명처럼 나의 어시스트로 만들어 낸 지젤의 멀티골을, 왼쪽 파포스트에서 강력한 무기였던 왼발잡이 그린의 골을, 드리블로 뚫고 들어가 침착하게 마무리해 내는 카야의 골을 더 선명히 기억한다. B조뿐만 아니라 모든 팀카카오 팀원들의 얼굴을 보면 경기 중에 도와줘서, 해내줘서, 함께해 줘서 고마웠던 순간들이 하나하나 다 떠오른다.

거의 3년째 징하게 어울리다 보니 이제는 경기장 밖에서도 자연스레 팀워크가 나오는 사이가 됐다. 내가 패스하면 이 사람이 어디로 뛸지 눈빛만 봐도 아는 것처럼, 때로는 내가 무슨 말을 하면 어떤 대답이 나올지 미리 알 것도 같다. 그만큼 마음이 잘 통한다는 거겠지. 이제는 좋은 팀원을 넘어 인생에서 소중한 친구들이 생겼다. 어차피 인생은 혼자 사는 거라며 고독을 자처했던 지난날들은 거의 전생 같다. 풋살을 혼자 할 수 없듯이 인생도 혼자 살 수 없다는 걸, 함께하면 더 재미있게 앞으로 나아갈 수 있다는 걸 알려준 풋살과 팀카카오에게 진심으로 고맙다. 고독한 방구석 내향인들이여, 가끔 사람의 온기가 그리울 땐 팀 스포츠 한번 '츄라이'해 보시길.

운동장으로 출근하겠습니다

println("Hello, World! And Kick the BALL")

카야

'코로나'와 함께 입사한 개발자에게 새롭게 생긴 취미

 파워 P인 나도 졸업반이었던 2019년은 나름 J로 살았던 해였다. 매일 동아리방에 1등으로 등교해 하루에 알고리즘 다섯 문제씩 풀기라는 스스로와의 약속을 꼬박꼬박 지켰고, 남는 시간에는 틈틈이 개인 프로젝트 개발을 했다. 당시 알파고 이후로 개발자가 인기를 얻으며 채용 문이 활짝 열렸던 시기와 운 좋게 만나 2019년 12월 29일 제일 입사하고 싶었던 회사에 입사할 수 있었다. 하지만 그땐 몰랐다. 내 입사 동기가 '코로나'일 줄은······.

 코로나 확산이 본격화되면서 재택근무로 전환되었다. 임시 조치일 줄 알았던 재택근무는 점점 길어져 1년 반이 지났다. 첫 사회생활을 하며 월급의 달콤함에 취해 많은 물건을 사고파느라 당근마켓의 헤비 유저가 되었다. 여느 때처럼 당근마켓을 보던 중 여자 축구 무료 강습 글을 우연히 보게 되었다. 여고 시절 점심과 저녁 식사 시간엔 항상 친구들과 회전초밥이 되어 운동장을 걷는 게 운동의 전부였고, 체육 시간의 대부분은 피구를 하며 보냈다. 축구의 'ㅊ'을 가까이 해본 적이 없었지만 1년 반 동안 외출조차 자유롭지 못했던 시간 속에서 답답함이 극에 달해 강습 신청을 하게 되었다. 더구나 무료라니 밑져야 본전이라는 마음이었던 것도 사실이다.

  나의 첫 풋살화 '나이키 머큐리얼 슈퍼플라이8'과 공을 차기 시작한 지 6개월쯤 되었을 무렵 안타깝게도 회비 사용의 불투명성으로 운영진에 대한 불신이 생겨 팀이 와해되는 안타까운 사건이 있었다. 다행히 그 무렵 '골 때리는 그녀들' 프로그램이 인기를 얻으며 사내에도 여자 풋살 동호회가 신설되었고 몇 달의 대기 끝에 합류 가능하다는 연락을 받게 되었다. 그렇게 2022년 5월 19일 나는 팀카카오 25번 선수가 되었다.

컴퓨터가 잘 안되면 껐다 켜세요, 저도 껐다 켤게요

　팀에 합류했을 때 풋살은 처음이었기에 매주 화, 목 저녁 8시 30분에 회사 근처 아카데미에서 팀원들과 레슨을 들었다. 아카데미가 회사 근처이기도 했고, 8시 30분이라는 시간이 집에 들렀다가 오기에는 뭔가 애매하기도 한 시간이라 화, 목이면 그냥 좀 더 일을 하고 공을 차러 갔다. 더 일할 수 있는 시간이 있으니 자연스레 오래 봐야 하거나 어려운 일은 화, 목에 주로 보게 되었다. 집중해서 일하다 보면 애석하게도 버그는 꼭 7시쯤 발견된다. 8시 30분 수업이니 회사에서 8시에는 나와야 하는데 7시쯤에 버그를 발견하면 원인 분석, 해결 그리고 테스트코드 작성까지 완료하기에는 한 시간은 부족한 시간이다. 사실 원인 분석만으로도 부족할 때가 많았다. 7시 30분쯤 되면 마음이 다급해지고, 7시 50분이 되면 오늘 못 간다고 톡을 남길까 고민하다가도 8시에는 일단 허겁지겁 노트북을 덮고 뛰쳐나온다. 나오면서도 일을 다 못 하고 나온 찝찝함에 미련을 잔뜩 자리에 치덕치덕 묻히고 나온다. 가끔 나 자신에게 모질어지는 날에는 자책을 하기도 한다. '일도 제대로 못 하면서 공놀이하러 가냐⋯⋯.' 그렇지만 일단 나의 루틴이니 꾸역꾸역 나와서 뛰다 보면 그 시간이 나에게는 '껐켬'의 모먼트가 된다. 컴퓨터가 버벅댈 땐 일단 껐다 켜라는 게 민간요법 같지만 사실 꽤나 객관적이고 효과적인 방법이다. 데드락에 걸려 얽혀 있던 프로세스들이 껐다 켜면서 정리가 되어 다시 작동할 수 있게 된다. 아직 큰 숲을 보는 연습이 부족한 주니어 개발자라 한 가지 생각에 꽂혀 무작정 파고드느라 원인 분석이나 해결에 어려움을 겪을 때가 꽤 있는데, 그럴 때마다 8시 30분 레슨은 데드락에 걸린 나의 생각들을 껐다 켜주었다. 두세 시간을 고민해도 나오지 않았던 해결 방법이 공을 차고 돌아와 샤워를 하며 떠오른 새로운 아이디어로 30분 만에 뚝딱 해결될 때도 있었다. 내가 매번 미련을 잔뜩 두면서도 공 차러 갈 시간이면 일단 노트북을 덮고 뛰어나오는 이유이다.

Hello, World! Hello, Teammate! Hello, Myself!

흔히들 개발자를 떠올릴 때 체크 셔츠나 후드를 입고 맥북을 들고 다니며 다소 내향적이고 헤드폰을 끼고 있는 사람을 떠올린다(심지어 ChatGPT도 똑같이 그려 준다).

나는 개발자다운 Geek한 사람은 아니지만 일단, 네 가지 중(셔츠는 꽤 있지만 체크는 아니니까) 3.8개에 해당하기는 한다. 그중에서도 가장 두드러지는 특징은 '내향적'이라는 것이다. 특히 내가 낯선 사람을 만날 때 어려워하는 건 말과 말 사이의 공백과 그 공백의 어색함이 견디기 어려워서이다. 공백을 채울 만한 말을 떠올리려고 노력은 하지만 잘되지 않고, 남의 눈치를 잘 보는 탓에 이 말이 적당할지 혼자 검열하느라 결국 대화할 기회가 지나가 버린다. 그래서 나는 보통 새로운 사람과 친해지는 데 최소 1년 정도 걸린다. 좀 더 말꼬리를 늘려보자면 취직하자마자 코로나로 재택근무를 해 새로운 사람들과 스몰톡을 하며 관계를 만들어 나가는 사회성을 기를 기회가 없었다(라고 핑계를 대본다).

 원하던 회사에 입사하였고 여느 회사와 달리 자유로운 분위기였지만 내향적인 내가 어려웠던 건 아침 스크럼이었다. 아침에 출근해 일을 본격적으로 시작하기 전 다 같이 둥글게 모여 차례대로 내가 하고 있는 일과 어려운 점을 공유하는 시간이다. 우리 팀은 일에 대한 얘기를 시작하기 전 '기분 점수'를 먼저 이야기한다. 일종의 아이스 브레이킹이기도 하고, 팀원들의 컨디션을 파악할 수도 있다. 기분 점수는 10점이 만점이며 사유와 함께 내 점수를 말하면 된다. 예를 들면, "어제 모기가 발바닥을 물어 간지러워서 잠을 설쳤어요. 그래서 7점 할게요."와 같은 식이다. 그 어떤 사소한 이유나 상황도 상관없다. 나는 항상 기분 점수 말하는 게 너무 어려웠다. 뭘 말해야 할지 잘 떠오르지 않기도 했고, 떠오르더라도 '이건 너무 TMI일까…….' 하는 생각을 하며 내 차례가 돌아오기까지 손을 꼼지락대며 얘깃거리를 열심히 찾아냈다. 뭐라고 하는 사람 하나 없었지만 나 혼자 눈치 보느라 힘들었다.

 그런 나에게 풋살은 꽤나 좋은 소재였다. 너무 사적이지 않으면서도 사적인 느낌이랄까. 나의 사생활에 대한 내용은 아니지만, 일 외의 나의 취미 생활을 공유하기 때문에 적절하다고 느꼈다. 예를 들면, "어제 경기를 했는데 제가 골을 넣어서 오늘 기분이 좋아요. 10점 할게요."와 같은 식이다. 경기하다가 넘어져 다친 상처가 있으면 먼저 팀원들이 물어봐 주기도 하고, 판교 회사들끼리 모여 진행하는 판교 리그 경기 소식을 들려드리면 경기 결과를 궁금해하기도 했다. 시간이 좀 더 지나서는 스몰톡을 먼저 건네는 여유도 조금은 생겼다. 어제 축구 경기가 있었다면 "어제 그 경기 봤어요?" 정도이지만 나름 장족의 발전이다.

또 하나의 좋은 점은 자아가 하나 더 생겼다는 것이다. 풋살을 하기 전의 나에게는 '개발자'라는 하나의 자아만 있었다. 퇴근 후에도 다른 자아로 분리하지 못하고 업무 중 실수를 곱씹으며 며칠이나 자책을 했다. 안 그래도 누가 주지 않아도 혼자 보던 눈치를 몇 주먹이나 더 주워 먹었다. 나 자신에게 모진 성격이 더 불을 지피기도 했다. 일화를 하나 얘기하자면 실수가 유독 잦아 자책하며 우울의 동굴을 한없이 파고들던 때가 있었다. 스스로에게 채찍질한다며 새벽 6시 기상을 정해놓고 늦게 일어나면 나태하다며 아침마다 속으로 나를 비난했다. 그날도 새벽 알람을 듣자마자 끄고 축 처진 몸을 일으켜 일단 세수부터 하고 왔다. 다른 날보다 유독 피곤했지만, 아침부터 스스로를 책망하고 싶지 않아 일단 화장대에 앉아 선크림을 바르며 출근 준비를 시작했다. 그러다 문득 시간을 확인했는데 새벽 3시였다. 내내 스스로 채찍질하며 너무 긴장한 탓인지 알람을 헛들었던 것이다. 쓴웃음을 지으며 반쪽만 선크림을 바른 채로 다시 잠이 들었던 그 날이 아직도 생각이 난다. 다행히도 지금은 '팀카카오 25번 플레이어'로의 자아가 하나 더 생겼다.

프로그램을 실행하려면 메모리라는 저장 공간에 프로그램을 적재해야 한다. 프로그램의 용량이 메모리보다 크면 실행할 수 없고, 하나의 프로그램이 메모리의 대부분을 차지한다면 다른 프로그램을 동시에 실행할 수 없다. 음악을 들으며 카카오톡 메시지의 답장을 하는 것과 같이 멀티태스킹이 불가한 것이다. 그래서 '페이징'이라는 메모리 관리 기법을 사용한다. 프로그램을 '페이지'라는 작은 조각으로 나누고, 필요한 일부분만 메모리에 올려서 실행하도록 하는 기법이다. 더 이상 사용하지 않는 페이지는 메모리에서 빠지게 된다. 마치 책을 읽을 때 필요한 부분만 펼쳐서 읽으며 필요하면 다음 페이지로 넘어가고, 이전 페이지는 닫아 두는 식이다. 나라는 한정된 메모리 위에 개발자라는 용량이 큰 프로그램을 전부 올려 실행했다면 연차가 조금 쌓인 지금은 페이징하여 그 중 일부만 필요한 상황에 꺼내 쓸 수 있게 되었고, 팀카카오 25번 플레이어 프로그램을 함께 실행할 수 있게 되었다. 그라운드 위에서는 개발자 프로그램의 페이지는 필요하지 않으니 잠시 메모리에서 내려놓고 그때 했던 실수를 다시 상기하며 질질 끌고 다니지 않는다. 덕분에 신체적인 체력도 늘었지만 마음의 체력도 많이 늘었다.

마일스톤 회고할게요

그 외에도 몇몇의 사소한 변화가 있다. 유튜브 알고리즘도 이제는 드리블 영상을 추천해 준다. 화려한 드리블로 돌파하는 (환상에 가까운) 로망을 갖고 있어 그런 영상을 찾아봤더니 알고리즘은 점차 묘기 풋살을 위주로 추천을 해주는 것 같아 아쉽지만 큰 도움은 안 되는 것 같다. 두 번째로는 여름에도 맨발로 다닐 수가 없다는 것이다. 체중을 실어 달리다 보니 엄지발톱이 신발 앞코에 부딪혀 발톱에 멍이 자주 들고 빠진다. 그런 내 발이 못생겨 맨발로 다니지 못했고 이번 여름엔 쪼리를 한 번도 신발장에서 꺼내지 않았다. 페디큐어도 발톱 없음 이슈로 받을 수 없었다.

요새는 취미 생활에 본업의 힘을 빌리기도 한다. 발이 작아 오프라인 매장에서는 풋살화를 구하기 힘들고, 온라인에서도 수량이 적어서 금방 품절이 된다. 가끔 품절된 풋살화가 한두 개 물량이 풀릴 때가 있는데, 구매가 가능해지면 알림을 주는 앱을 만들기도 했다. 지금은 팀카카오 동호회비 입금을 알려주는 수금봇의 유지 보수를 담당하고 있다. 특별한 기능이 있는 것도 아니고 대단히 어려운 기술을 요하는 것도 아니지만 본업과 취미가 교차하는 지점이 있다는 게 나에게 쏠쏠하게 재미를 주고 있는 부분 중 하나이다.

처음 팀카카오에 가입해 풋살에 입문하던 때가 첫 마일스톤이고, 본격적으로 레슨을 들으며 실력을 키워갔던 때가 두 번째 마일스톤이라고 하면 풋살을 한 지 2년이 좀 넘는 지금은 세 번째 마일스톤쯤 와 있는 것 같다. 세 번째 마일스톤까지 오면서 물론 처음과 같은 열정이나 호기심이 많이 수그러든 것도 사실이다. 하지만 이번 마일스톤에서는 팀원들과 끈끈해진 관계를 얻었다. 이전까지는 함께 재미있게 뛰는 회사 동료에 그쳤다면, 요새는 함께 뛰는 '언니', '친구', '동생'에 더 가까운 느낌이다. 경기를 뛰며 느끼는 재미도 다르다. 이전에는 골을 넣거나 배웠던 드리블을 써먹어서 즐거웠다면, 이제는 이 사람들과 함께 뛰어서 즐거울 때가 더 많다. 낯을 가려 더 이상 친구는 못 만들겠구나 싶었는데 어느새 말을 놓고 지내는 사람들이 열 손가락을 넘었다. 앞으로 '팀카카오 25번 플레이어' 프로젝트가 몇 마일스톤이나 더 이어질지는 모르겠지만, 일단 다음 마일스톤은 무조건 확정이다.

운동장으로 출근하겠습니다

수상한 와이프

파인

운동장을 맴도는 수상한 와이프

풋살을 시작하고 밤낮없이 공만 쫓아다니던 시절, 한동안 날 따라다닌 별명은 '수상한 와이프'였다. 연배와 신분이 탄로 나는 기분에 떨떠름하기도 했지만, 사실 또 그만큼 나를 잘 표현해 주는 수식어도 없었다. 미혼인 팀원들은 훈련 출석률 100%를 달성하며, 뒤풀이가 파할 때까지 남아 있는 나에게 법적 동거인이 있다는 사실을 믿지 못했다. 기본적으로 남편과 나는 서로의 외부 활동이나 인간관계에 크게 관여하지 않는 편이긴 하지만 그 시절 나는 어딘가 홀린 사람처럼 자꾸만 집을 나왔다.

한창 빠져 있을 때는 4~5일 연속 풋살을 하곤 했는데, 칼퇴 후 항상 운동장으로 달려갔고 연습이 끝나면 근처 편의점에서 맥주를 마시며 세 시간 동안 풋살 이야기만 했다. 주말엔 조기 축구 가는 아저씨처럼 아침부터 운동장으로 나갔고, 너덜너덜해질 때까지 달린 다음에 또 똑같은 멤버들과 똑같은 풋살 이야기를 하며 밤새도록 맥주를 마셨다. 남편과는 당연히 만날 수 없었고 야근도 하지 않고 집안일도 신경 쓰지 못했지만, 그 어떤 죄책감도 피로도 느끼지 못할 정도로 아드레날린으로 가득한 시즌이었다.

이러한 나의 수상쩍은 취미 생활에 참견을 더하는 것은 남편 당사자가 아닌 주위 사람들이었다. 미혼인 사람들은 홀로 남은 남편의 안부를, 기혼인 사람들은 시댁의 반응을 궁금해하였다. 특히 명절 연휴에 시댁에 안 가고 공을 찼다는 에피소드를 들은 회사 사람들은 나를 거의 외계인 취급하기에 이르렀다. K-며느리로서 눈치를 보지 않았다면 거짓말이라고 할까……. 그렇지만 당시엔 정말로 이렇게 매일매일 운동장에서 굴러도 내 패스가 직선으로 향하지 않고, 내 슛에는 힘이 실리지 않는데 시댁 모임이 대수인가라는 생각이 들 정도로 그 누구의 간섭도 귀에 들어오지 않는 도파민 중독 상태였다.

남편과 가끔 조우할 때는 가정 경제와 회사 고민을 나누기보다는 나의 풋살 실력이나 팀 운영에 대한 고민을 들어주길 바랐다. 처음 해보는 공놀이는 무엇 하나 내 맘대로 되지 않았기에 축구 경력 30년의 그가 어쩌면 도움을 줄 수 있을지도 모른다는 기대를 하게 했다. 그러나 발목에 힘주는 방법이나 공 찰 때 손의 위치처럼 평생 당연하게 공을 차 왔던 남성로서는 생각해 본 적도 없는 질문을 쏟아부었기에 그가 답변해 줄 수 있는 부분은 없었다.(아직도 이 질문에 제대로 답해준 코치는 아무도 없다. 처음부터 잘했던 사람들은 정말로 모른다).

또한 동호회 운영 관련해서도 서로의 입장 차이가 명확했는데, 동호회 운영 방식에 대한 갈등 해결 방법을 고민할 때면 남편은 축구팀에서 주장이나 코치의 의견에 반대 의견이 나온다는 것 자체를 이해하지 못했다. 기본적으로 상명하복에 익숙한 탓도 있겠지만, 축구 동호회란 모두에게 너무나 익숙한 모임이기 때문에 따로 논의하지 않아도 자연스럽게 운영되는 암묵적인 룰이 있는 것 같았다. 이러한 경험과 인식의 차이 때문에 부부간 겨우 잡힌 대화 시간마저 서로를 이해하지 못한 채 금방 중단되기 일쑤였다.

그렇게 날이 갈수록 내부로는 단란한 가정 유지에 위협을, 외부에선 위장 결혼이라는 끊임없는 의혹을 받으며 수상한 와이프의 지위는 공고해져만 갔다.

가정과 직장이 있는 여성이 가족과의 평온한 일상과 밀

린 업무를 포기하면서까지 먼지 가득한 운동장으로 달려가야 했던 이유는 무엇이었을까? 나는 그곳에서 무엇을 찾기 위해 그렇게 뛰쳐나가야 했을까?

수상한 그녀들의 탄생

수상하다: 보통과는 달리 이상하여 의심스럽다.

　15년 차 직장인, 수상한 기색은 하나도 없는 보통의 삶이었다. 처음 운동장에 발을 내딛게 된 계기도 새로운 도전이라든가 거창한 이유는 아니었고 단순 '조급함'이었다. 대코로나 시대 아무것도 하지 못하고 연말을 맞이하게 된 엄격한 관리자형 직장인은 뭐라도 시작해서 인생 성과를 남겨야 한다는 생각에 조급해졌고, 마침 회사 게시판에 올라온 여자 풋살 동호회원 모집 글에 누구보다 빠르게 지원했다.
　또한 나는 대체적으로 사람과 모임을 좋아하는 외향적

인 사람은 아니었다. 사회생활 10년이 넘는 시간 동안 회사 친구 '0명'을 자랑했고 회사, 학원, 동호회 등 모든 모임에서 목적을 벗어나는 친목을 쌓은 경험이 전무했던 사람이었다. 인스타그램에는 풋살 시작했다는 사진과 선언 몇 줄을 남겨서 갓생 사는 직장인임을 과시하고 싶었고, 언제나 그랬듯 함께 운동을 시작한 사람들과 친해질 생각은 애초에 없었다.

그러나 그 철칙은 첫 수업부터 보기 좋게 무너졌다. 통성명도 하지 않은 마스크를 쓴 초면의 사람들과 엉망진창으로 공을 주고받고 숨이 턱 끝에 찰 때까지 필드를 내달리며 내 머릿속엔 처음 느껴 보는 불꽃이 튀었다. 엉겁결에 골을 넣고 모든 팀원들이 몰려와서 기뻐해 주었을 때에는 긴 사회생활 동안 한 번도 받아본 적 없는 순수한 환호와 격려에 얼떨떨하면서도 가슴이 뛰었다.

그렇게 팀 스포츠 자체의 매력에 빠진 나를 더욱더 옭아맨 것은 팀원들이었다. 회사 동호회라는 특성상 그녀들의 첫인상은 그저 진지하고 예의 차리는 사회인이었지만, 공놀이의 매력에 동시에 중독되어 버린 그녀들은 본능에 충실한 자연인 그 자체였다. 약속이나 한 듯이 얼굴의 화장기는 점점 사라져 갔고, 더러워진 옷과 상처는 그날의 연습량을 보여주는 자연스러운 훈장이었다. 훈련장이 판교 근처였기 때문에 평일 늦은 저녁엔 항상 판교역에서 가장 더러운 모습으로 지하철에 오르곤 했는데, 반듯하지만 지친 직장인이 가득한 지하철 플랫폼에서 역설적이게도 가장 지저분한 우리만이 반짝이는 것 같다는 느낌을 받은 적도 있었다. 사회가 만들어 낸 '직장인 여성'이라는 틀에는 하나도 맞지 않는 외형을 하고 구르고 넘어지고 화를 내고 소리를 지르는 우리는 판교역에서 가장 의심스러운 집단이지만, 하루의 울분을 모두 쏟아내고 자유로움을 만끽하는 가장 행복한 집단이기도 했다.

인파 가득한 서울숲에서 유니폼 입고 리프팅하기, 35도 넘는 한여름에 1:1 연습 하기, 영하 10도에 폭설 맞으면서 경기하기, 경기장 대관 때문에 남자들과 싸우기, 참가자 100명 넘는 풋살 행사 기획하기……. 혼자였다면 평생 시도도 하지 않았을 것 같은 이상한 일들도 그들과 함께라면 유쾌하게 해낼 수 있었고, 나를 포함한 팀카카오 멤버들은 땀과 먼지와 눈물로 얼룩진 서로를 다독이고 끌어주며 서로에게 기꺼이 수상한 동료가 되어가고 있었다.

열정적이고 다정한 팀원들을 만나는 즐거움, 그리고 일상에서 벗어나는 해방감이 나를 꾸준하게 운동장으로 이끌었고 내 다른 자아인 수상한 와이프는 그렇게 탄생하였다. 수상한 건 나뿐만이 아니었기에 누구에게나 당당하게 내 취미와 정체성을 자랑하며 동료들의 손을 잡고 끊임없이 운동장으로 뛰쳐나갈 수 있었던 것이다.

더 이상 수상한 와이프가 없는 세상

시댁 모임에 참석했던 어느 날, 시아버지를 통해 가깝지 않은 친척들에게 내 근황이 소개되었다. 우리 며느리는 요새 축구 선수다……. 밤낮없이 열심히 운동을 하고 있다……. 시아버지야 건강한 며느리를 자랑하고픈 마음에 가볍게 던지신 화두셨겠지만, 구석에서 밑반찬을 주워 먹고 있던 며느리 당사자는 갑작스러운 근황 데뷔에 화

들짝 놀라고 말았다. 잠깐의 웅성거림 속 딱히 좋은 소리가 나오지 않을 것을 직감하고 어색하게 웃고 있던 나에게 역시나 드라마에서나 나올 법한 대사가 날아들었다.

"아들을 낳아서 축구를 시켜야지, 네가 하고 있으면 어떡하니."

내가 남자였다면 절대 들을 리 없는 말. 내가 미혼이었다면 들을 리 없는 말. 지긋한 어르신들에게 축구하는 며느리가 자연스럽게 받아들여지는 조합이 아닌 것은 너무나 당연했다. 그렇지만 단순히 근황을 소개하는데(심지어 건전한 근황) 좋지 못한 소리를 들을 것 같다고 직감했던 것도, 또 그 예감이 틀리지 않았던 것에도 허무하고 씁쓸한 기분이 드는 건 어쩔 수 없었다. 십여 명이 모인 가족 모임은 아직도 선입견이 가득한 사회의 축소판이었고, 나는 이곳에서도 애도 안 낳고 남자들이 하는 축구를 하는 '수상한 와이프'였다.

풋살이라는 팀 스포츠를 시작하며 내가 체득한 모든 것들은 30여 년이 넘는 인생 동안 한 번도 경험하지 못했던 새로운 종류의 것들이었는데, 안타깝게도 그 지식과 경험들은 건강한 사회 구성원으로 성장하기 위해 꼭 터득하고 넘어갔어야 하는 것들이었다.

개인이 아닌 팀으로서 시너지를 내기 위해서는 서로에 대한 신뢰가 기본이라는 점은 뻔한 상식이지만, 정글 같은 사회에서 내가 먼저 누군가를 믿는다는 것은 상당히 어려운 일이다. 그러나 동료가 지칠 때는 내가 한 발 더 뛰어서 메꾸어야 한다는 것, 내가 지치더라도 한 발 더 뛰어줄 누군가가 있을 거라는 것, 경기장 안과 밖에서 조건 없이 응원하는 누군가가 있다는 것을 경험하고 나면 팀이 주는 놀라운 시너지에 믿음이 생기게 된다. 또한 나의 강점과 약점을 정확히 파악하여 팀에서 어떠한 포지션을 차지해야 하는지, 시너지를 낼 수 있는 동료는 누구인지 분석하는 것은 조직에서 오랫동안 버텨내기 위해 꼭 필요한 기술인데, 팀 스포츠를 하기 위해서는 매 경기마다 필연적으로 수행해야 하기에 가장 자연스럽게 습득할 수 있는 기술이기도 했다. 책에서 배운 어렴풋한 지식으로 조직 생활에 적용하려고 애썼던 모든 것들은 운동장에서 몸으로 부딪치며 자연스럽게 얻을 수 있는 경험이었던 것이다.

'골때녀' 이후 분위기가 많이 바뀌긴 하였지만, 풋살을 포함한 팀 스포츠는 아직도 많은 여성들에게 낯설고 도전이 쉽지 않은 운동이다. 학교 운동장과 체육관은 여전히 남자아이들이 가득하며, 운동복을 입고 땀에 절은 여성 무리가 몰려다니는 모습을 낯설게 보는 시선도 여전하다. 수많은 취미 생활, 많은 사람들이 즐기는 대표 스포츠 중의 하나일 뿐인데도 풋살을 하는 여성들은 아직까지도 보통의 범주를 벗어나는 수상한 사람들로 간주된다.

늦었지만 팀 스포츠가 주는 가치를 경험한 여성으로서 모든 여자아이들에게 팀 스포츠를 경험할 수 있는 동일한 기회가 제공되고, 그들이 사회 구성원으로 필요한 기술을 자연스럽게 체득하며 자라날 수 있기를 바란다. 또한 모든 여성들이 선입견 없이 어떠한 선택도 자유롭게 할 수 있는 사회가 되기를, 몸과 마음에 건강한 근육을 키우는 데 더 집중할 수 있기를 바란다.

그리고 나와 같은 기혼 직장인 여성들이 더 이상 수상한 와이프가 아닌, 그저 취미 생활에 빠진 평범한 직장인으로 보일 날이 조금 더 빨리 오기를 바라본다.

운동장으로 출근하겠습니다

안녕하세요, 팀카카오 주장입니다

보니

이런 사람도 주장이 될 수 있나요?

주장: 운동 경기에서 팀을 대표하는 선수

흔히, 어떤 팀이나 단체의 리더라 함은 그 분야에 경력이 많아 팀원들을 이끌 수 있는 리더십이 있거나 실력이 뛰어난 사람들이 주로 맡곤 한다. 팀원들의 신뢰를 얻기가 수월하고 팀의 중심을 잘 잡을 수 있기 때문일 것이다. 하지만 나는 풋살에 대한 경험이 전혀 없었고 그렇다고 운동 신경이 좋아 빠르게 배우는 사람도 아니었으며, 심지어 사회생활에 대한 경험 또한 많지 않았다(당시에는 오히려 팀의 막내였다).

그런 내가 주장이 된 이유는 생각해 보면 오지랖 때문이었다. 초반에 우리는 KF94 마스크에 가려져 얼굴도 잘 알지 못했지만 나는 "와, 정말 잘하시네요. 어렸을 때 운동하셨었나요?", "우와! 풋살화 바꾸셨네요. 너무 예뻐요." 등의 처음 보는 사람이 느끼기에 오지랖처럼 보일 수 있는 말들로 호시탐탐 친해질 기회를 노렸다.

그렇게 사람을 좋아하는 나의 성향을 알아본 동료에 의해 추천을 받아 나는 그 후로 팀카카오의 주장이 되었다. 그리고 눈 깜빡할 새 우리 동호회는 9개의 계열사, 약 40명의 직장인이 있는 어엿한 3년 차 동호회가 되어 있었다.

단체 활동을 좋아해서 설레는 마음도 잠시, 판교 근방에서는 최초였던 '회사 여성 풋살 동호회'의 운영진으로서 그리고 팀카카오라는 '풋살 팀'의 주장으로서의 걱정과 부담감이 이내 물밀듯이 밀려들었다. '풋살도 처음이고, 나이도 어린 내가 과연 우리 팀의 주장 역할을 잘해낼 수 있을까?'

3년 차 주장의 여정

주장 1년 차 | 건강한 팀이 되기 위한 그라운드 룰이 필요하다

처음 주장을 맡았던 당시 사회생활 2년 차였던 나에게 나보다 경력이 많은 회사 선배들이 속한 동호회를 이끄는 것은 그 자체로서 쉽지 않았다. 그도 그럴 것이 회사에선 매번 팀장님께 빨간펜을 받는, 쭈뼛쭈뼛 선배들에게 다가가 조언을 구하는 아직 신입 사원 티를 벗지 못한 팀의 막내였기 때문이다. 그렇기에 동호회 운영을 위해 내려야 하는 결정과 선택이 올바른 것인지 판단하기 어려웠다. 어떤 스타일의 주장이 되고 싶은지에 대한 생각이나 우리 팀의 색깔에 대한 고민의 시간보다, 초반에는 이 많은 사람이 속한 단체를 운영하는 데 필요한 의사 결정 앞에서 매번 허덕였었다.

고민을 줄이기 위해서는 팀을 운영하기 위한 최소한의 규칙이 필요했다. 그러나 판교 근방에서의 최초 타이틀을 달고 있던 우리였기에 '여성 풋살 동호회'로서 참고할 만한 선례가 많지 않았고 동호회의 가입/탈퇴 조건부터 동호회 활동 중단과 대회 참여 방식 등 모든 규칙을 처음부터 하나씩 만들어 가야 했다.

동호회가 생긴 후 약 6개월이 지나가고 있을 무렵, 한 팀원으로부터 임신 계획이 있어 한동안 활동이 어려울 것 같다는 연락이 왔다. 그 당시에는 임신으로 인한 활동 중단이 생길 수 있다는 것을 아예 예상하지 못했었다. 팀 카카오 회칙 문서에는 그저 "부상 시 3개월 활동 중단", "N명 이상 코로나 확진 시 휴강" 정도의 회칙만 나열되어 있었다. 직장인 여성 풋살 동호회라는 특성상 임신/출산으로 인한 활동 중단이나 안식 휴가 등 장기 휴가 시의 상황에 대한 회칙 등이 필요했던 것이다.

팀카카오 동호회 회칙

5조 3항. 동호회 활동 중단
- 부상 및 임신 등의 사유로 인해 6개월 이상의 동호회 활동이 어려울 경우 중단 가능(기간은 무기한)
- 개인 사정으로 인한 활동 중단 시, 1년에 최대 3개월까지 중단 가능

6조 1항. 동호회비 지원
- 팀 레슨 및 팀 공식 훈련 목적으로 대관하는 구장비는 100% 동호회비 지원(단, 동호회 사정에 따라 조정될 수 있음)
- 10명 이상 참가하는 추가적인 활동에 대해서는 대관비의 50% 지원
- 친선 경기는 대관비 50% 지원

동호회 회칙이 갖춰지니 의사 결정 과정이 더욱 간결해졌다. 모든 팀원이 동의한 기준에 따라 결정을 내릴 수 있었기 때문이다. 덕분에 나도 주장이라는 역할에 대해 조금 더 자신감을 가질 수 있었고 팀원들에게도 우리 팀이 더 안정적인 방향으로 나아가고 있다는 믿음을 줄 수 있었다.

건강한 회사라면 그 회사만의 조직 문화를 담은 '그라운드 룰'이 있는 것처럼 동호회에서도 하나의 단체로서 필요한 규칙을 세우는 것 그리고 이 규칙에 기반하여 모든 팀원이 동의하고 자발적으로 따를 수 있는 문화를 만들어 가는 것이 중요하다는 것을 알게 됐다. 그렇게 우리 팀의 회칙은 단순히 팀원들의 문의 사항에 대응하기 위한 수단에 그치는 것이 아닌 우리가 서로 존중하고 신뢰할 수 있게 해주는 팀카카오만의 문화가 담긴 '그라운드 룰'이 되어주었다.

주장 1.5년 차 | '오픈톡'을 통해 투명한 의사 결정을 내린다

우리 회사에는 중요한 안건이 있을 때 대표와 직원들

이 솔직하게 서로의 생각에 대해 공유하는 '오픈톡'이라는 문화가 있다. 이것을 우리 팀에도 적용해 보면 어떨까 하는 생각이 들었다. 현실적으로 운영진이 동호회의 모든 모임과 연습에 참석하는 것은 어려우므로 오랫동안 보지 못하는 팀원이 생겼고 자연스레 그 팀원의 생각을 직접 들을 기회가 적어짐을 느꼈기 때문이다. 그렇게 시작한 '팀카카오 오픈톡'은 최근 4회차를 맞이했다.

오픈톡은 이런 방식으로 진행된다. 예를 들어, 팀 레슨의 지속 여부 등의 안건 결정을 위해 각자 팀 레슨에 대한 판단과 근거를 설문으로 수집하고 그 결과를 모두에게 공유한다. 이후 함께 결과를 검토하며 서로가 생각하는 팀의 방향성에 대해 의견을 나눈다. 마지막으로, 오픈톡에서 취합한 의견을 바탕으로 운영진의 논의하에 최종 결정을 내린다. 단체 생활에서 의사 결정을 할 때에는 소수의 의견을 듣는 것도 중요하지만, 그럼에도 다수의 의견을 따르는 것이 필요하다는 판단으로 움직였다. 그리고 운영진의 결정이 어떤 고민 속에서 내려진 것인지 그 과정과 근거를 솔직하게 공유하기 위해 노력했다. 사소해 보일 수 있을지라도 누군가는 팀에서 내린 결정이 아쉽게 느껴질 수도 있고 불편할 수도 있기 때문이다.

비교적 소규모였던 동호회 초반에는 최대한 많은 팀원의 의견을 반영하는 것을 최우선으로 생각했지만, 팀의 규모가 점점 커지고 각자의 구력에도 차이가 나면서부터는 모두의 생각과 감정을 하나로 모으기 어려워졌다. 현재는 팀원 모두의 의견을 반영한 의사 결정을 하는 것이 현실적으로 쉽지 않고 가능하지도 않음을 알지만, 여전히 팀원들의 의견을 듣는 오픈톡 자리를 공개적으로 많이 만들고 의사 결정의 과정을 투명하고 솔직하게 공유하는 것만은 꼭 지키고자 한다.

주장 2년 차 | TF가 되어주시겠어요?
팀카카오의 '온보딩' 프로그램입니다

팀카카오를 운영하면서 가장 중요하게 생각한 것은 사소하더라도 우리 팀 한 명, 한 명이 하나의 역할을 맡아보는 것이었다. 특히나, 시간이 지날수록 오래된 팀원들끼리는 유대감이 자연스레 생겨날 수밖에 없고, 이때 새롭게 가입한 팀원이 우리 팀에 자연스레 녹아들게 하는 것은 쉬운 일이 아니다. 회사에도 '온보딩' 프로그램이 있듯이, 새로 가입한 팀원들이 우리 팀에서 어떠한 작은 역할이라도 해볼 수 있는 기회를 마련해 유대감을 쌓게 하는 것이 팀을 운영하면서 꼭 지키고자 한 보이지 않는 전략 같은 것이었다.

여름 MT, 송년회는 우리 팀의 연례행사이다. 이러한 연례행사를 준비할 때는 꼭 3명에서 5명으로 구성된 TF(Task Force, 특정 목적을 위해 만들어지는 팀을 의미)를 꾸린다. 단체 활동 속의 작은 단체 활동 같은 것이랄까? TF 팀원들끼리 팀카카오를 위한 행사를 함께 준비하면서 삼삼오오 소통하는 것은 운동장에서는 차마 만들지 못했던 또 다른 형태의 친밀감을 갖게 한다. 어쩌면 운동장 밖에서 먼저 빠르게 친해질 수 있는 방법이기도 하다.

팀 스포츠인 축구에서 편안한 관계는 중요하다. 축구는 '발'로도 하지만 '말'로도 하는 운동이기 때문이다. 일명 서로의 이름을 불러주는 '콜'이자 경기장 안에서 그 경기를 이끌어 내야 하는 소통은 패스의 질보다 중요할 때가 있다. 그렇기에 편안한 관계에서의 소통을 위하여, 우리는 축구 동호회지만 운동만 하지는 않았다. 벚꽃이 피면 다 같이 서울숲에 가서 피크닉을 한다거나, 예능인들처럼 음악 퀴즈를 내고 맞히거나, 그냥 날이 좋아서 술을 마신다거나 하는 축구와는 연관이 없지만 팀으로서

할 수 있는 다양한 활동을 같이했다. 단체 활동들이 쌓이면서 우리는 이 관계 안에서 내가 편안하고 안전하다는 소속감을 느끼게 된다. 그래서 새로운 팀원이 오면 "TF 한번 해보시겠어요?"라고 제안을 한다. 함께 발을 맞추는 것뿐만 아니라, 먼저 눈을 맞추고 이야기를 나누는 것 또한 축구 팀에서의 중요한 일이기 때문이다.

그리고, 우리 팀에는 연례행사의 준비 위원회 말고도 다양한 'ㅇㅇ부장'이 있다.

- 예약 부장: 공과 신발만 있으면 할 수 있는 운동이지만, 가장 중요한 것은 바로 '구장'이다. 매월 정해진 날짜에 그 무엇보다 치열한 티케팅을 해야 한다. 아이유 콘서트보다 어려운 게 있더라. 바로 날씨 좋은 가을날의 평일 저녁 구장 예약이다. 특히, 판교 근방의 풋살장은 몇 개 없어서 예약이 매우 치열하다. 그렇게 오늘도 예약 부장은 유연 근무제인 우리 회사에서 수상하리만큼 아침 일찍 일어나 아홉 시 출근을 강행한다.
- 세탁 부장: 어쩌면 우리 팀을 위해 가장 희생하고 우리를 사랑하는 역할이 아닐까? 팀원들의 땀 냄새를 견뎌내는 세탁 부장. 풋살 레슨 시에 제공되는 형광 조끼에서 좋은 향이 나

면 조심스레 코치님께 다가가 말을 건다. "이거 무슨 섬유유연제 쓰셨어요?"
- 스트레칭 부장: 운동 전 꼭 해야 하는 스트레칭. 온몸을 부딪치며 하는 풋살에서 스트레칭은 부상 방지 목적에서 매우 중요하다. 여성들은 특히, 발목뿐만 아니라 고관절을 잘 풀어줘야 한다. 하나, 둘, 셋, 넷. 스트레칭 부장의 구령에 맞춰 몸을 풀다 보면 학교 체육 시간에 다 함께 새천년체조를 하던 그때로 돌아간 것 같은 몽글한 기분이 들기도 한다.

작지만 팀을 위해 하나의 역할을 맡아본다는 것. 팀원 한 명, 한 명의 이름을 빨리 외울 수 있어 운동장 안에서 쉽게 콜을 할 수 있게 하고, 내가 맡은 역할을 해냄으로써 소속감을 갖게 하여 출석률이 높아지고, 팀에 대한 애정을 자연스레 갖게 하는 우리 팀만의 효율 좋은 '온보딩' 프로그램이다.

주장 3년 차 | 우리 팀만의 '행풋 KPI' 수립이 필요하다

조기 축구 동호회 사이에 유명한 밸런스 게임이 있다. 성실하게 훈련을 나오지만, 실력은 평범한 팀원 vs 훈련은 잘 나오지 않지만, 실력은 훌륭한 팀원. 풋살을 시작한 초반에는 실력이 훌륭한 팀원 한 명의 역할이 게임에 미치는 영향이 매우 컸다. 특히나, 우리가 하는 풋살은 5:5 경기였기 때문에 한 명의 영향력이 클 수밖에 없었다.

디펜딩 챔피언 자격으로 회사 동호회들과 함께하는 리그전에 참여했을 때의 일이다. 팀코리아에게 아시안게임이 있다면 팀카카오에게는 판교 리그가 있었는데, 아시아에서는 최강자인 우리나라처럼, 우리는 판교 리그에서 3회 연속 1위의 자리를 지키고 있었기 때문이다.

초대 우승팀과 디펜딩 챔피언이라는 부담감 내지 어쩌면 자존심 때문에 우리는 또다시 우승을 위해 경기의 기세가 떨어질 때면 확실히 승리를 가져다줄 수 있는 실력 있는 멤버들을 투입시켰다. 에이스 멤버들도 이 상황이 부담스러웠을 수 있지만 잘 견뎌주었고 출전 시간이 적었던 멤버들도 우리 팀의 승리와 우승에 함께 기뻐했다.

그때는 승리가 우리에게 행복을 가져다준다고 생각했다. 팀이 패배하면 전체적인 분위기가 가라앉기에 팀의 분위기를 위해서라도 우리에게는 승리가 더 중요하다고 생각했던 것이다.

하지만, 시간이 지나고 점점 다양한 경기의 승패를 맛보면서 우리에게는 함께 실패하는 경험이 필요하다는 것을 깨달았다. 우리가 팀 스포츠를 하면서 행복을 느끼는 순간은, 경기에서 패배하더라도 서로를 격려하는 말 속에, 연습한 패스 플레이가 나와 우리도 모르게 지은 놀란 표정 속에, 가장 열심히 노력한 팀원의 성장 속에 있었다. 팀으로서의 승리보다 함께한 실패가 우리를 더욱 단단하게 만들어 주었고 각자의 역할을 되돌아보고 함께 나아갈 방법을 고민하는 기회를 만들었다.

우리는 이제 승리만을 위해 실력을 앞세우지 않는다. 대신, 우리가 함께하는 과정 속에서 서로가 만들어 가는 이야기와 서로가 서로에게 주는 감정을 더 중요하게 생각한다. 우리에게 '행복 풋살'이란, 결국 서로가 서로를 믿는 안전한 환경 속에서 느끼는 다양한 감정과 성장의 순간이 아닐까. '실패하더라도 함께 하는 풋살'. 이것이 현재 3년 차 팀카카오가 추구하는 '행풋 KPI'다.

다시 내린 주장의 정의

생각해 보면 나는 늘 마음이 조급했다. IT 회사 특성상 근속 연수가 짧기에, '팀원들이 회사를 떠나면 어떡하지?', '퇴사로 인해 몸이 멀어지면 자연스레 마음도 멀어지지 않을까?'라는 걱정과 내가 다니던 회사 상황이 좋지 않아(실제로 희망퇴직을 받던 때가 있었다) 내가 먼저 회사를 떠나야 할 수도 있었던 순간에는 남몰래 작별 인사를 준비하기도 했다. 우리에게 언젠가 다가올지도 모를 끝을 생각하다 보니, 지금 이 순간이 소중하지 않을 수가 없었다. 그 소중함이라는 감정은 가끔은 팀 운영에 대한 과한 부담감으로 이어졌고, 그리고 소위 축구 선수들이 말하는 A매치 골이 없는 주장이라서, 카리스마 있는 주장이 아니라서, 경험이 많지 않아서 등 스스로 만들어 낸 주장 자격에 날 한껏 재단하며 소심해지기도 했다.

하지만 늘 어떤 상황에서든 나를 믿는다고 말해주는 팀원들이 있기에 이제는 더 이상 혼자 자기 검열을 하지 않는다. 힘들지 않냐며 먼저 손을 내밀어 주는 동료들이 있기에 더 이상 말 못 할 감정을 삼켜내지 않는다. 그리고 팀의 주장이 꼭 팀의 에이스가 되지 않아도 된다는 것을 안다. 오히려, 주장이란 팀원들이 각자의 역할을 다할 수 있도록 지원하고 그 과정에서 그들이 성장할 수 있도록 돕는 역할임을 팀원들을 통해 배울 수 있었다.

여전히 날씨가 좋아서 혹은 날씨가 좋지 않아서 팀 훈련의 출석률이 낮을 때면, 부상을 당해 오래 활동을 쉬는 팀원이 있을 때면, 주장으로서 어떠한 말과 행동으로 팀원들의 사기를 북돋아야 하는지 고민한다. '우리 팀이 만들고 싶은 팀은, 내가 만들고 싶은 팀의 모습은 무엇일까?', '나는 어떤 주장이 되고 싶은 걸까?'에 대한 답은 찾지 못했지만, 계속해서 고민만은 멈추지 않으려 한다. 내가 되고 싶은 주장은 어쩌면 우리 팀을 위해 가장 먼저, 가장 많이 고민하는 사람일지도 모르겠다.

운동장으로 출근하겠습니다

잔디 위 거북이

그린

잔디 위 거북이를 본 적 있으신가요?

해가 지고 난 뒤 어둑한 저녁, 하얀빛을 발하는 조명 주위로 산벌레들이 몰려든다. 그 빛이 비추는 푸른 잔디 위에는 흰 피부의 거북이들이 땀을 뻘뻘 흘리며 공과 씨름을 하고 있다. 거북이들은 여덟 시간 동안 건물에 갇혀 있었기 때문인지 눈 밑에 퀭한 검은 그림자를 달고 있었지만 비로소 건물에서 나와 바깥바람을 맞으며 달린다는 사실에 만족스러워하며 미소를 짓고 있다.

눈치챘겠지만 하얀 거북이는 우리 팀카카오 멤버들이다. 비타민D를 종합 영양제로 보충한 것 같은 흰 피부, 여덟 시간 동안 모니터를 쳐다보느라 쑥 빠져나온 거북목, 최선을 다해 뛰었다지만 누가 봐도 육지가 버거운 것 같은 느린 속도. 우리 팀의 훈련을 보고 있을 때면 거북이가 떠오르곤 한다.

평일 훈련을 하는 날이면 다들 주섬주섬 풋살화와 운동복을 챙겨 들고 판교 인근에 있는 풋살장으로 향한다. 주로 훈련은 8시에 시작하는데 퇴근 시간이 6시라고 하면

한 시간 이상을 회사에서 대기 또는 야근을 하다가 오는 셈이다. 일분일초라도 빨리 사무실 의자에서 엉덩이를 떼고 싶은 것이 직장인 행동 백서가 아니었던가? 그 지침을 어겨가며 매주 잔디 위로 모여드는 거북이를 발견한다면 기특하게 여겨주기를.

젠틀한 거북이

직장인 동호회. 우리 팀의 정체성이라고 할 수 있다. 다 같이 일하던 사이는 아니지만 회사라는 연결 고리로 만난 사이다. 길을 가다가 마주칠 수 있는 사이, 겹지인이 있을 수 있는 사이, 어쩌면 같이 일을 하게 될 수 있는 사이(실제로 그런 일이 발생하기도 했다). 직장인으로서의 애티튜드를 빼놓을 수 없는 관계인 것이다. 그래서인지 우리의 플레이는 상당히 젠틀하다.

직장인 젠틀어 변환기(aka. 월급체)		
네.	➡	넵, 넹, 네네, 네에.
전달한 것 얼른 봐라.	➡	확인 부탁드립니다. 검토 가능하실까요?
그건 못 한다.	➡	어려울 것 같습니다. 양해 부탁드립니다.
내 책임 아니다.	➡	그때 말씀드렸던 대로 담당 부서에 확인이 필요합니다.

행복 풋살, 매너 풋살, 젠틀 풋살. 직장인이 하는 플레이니 어쩔 수 없다고는 하지만 때로는 지나치게 젠틀해서 문제다. 조금이라도 실수를 하면 자동 응답기처럼 미안하다는 말이 흘러나오고, 골대 앞에서 득점 기회가 생겨도 머뭇거리다가 다른 사람에게 패스를 하는 모습을 볼 수 있다. 그리고 이런 성향은 게임 후 회고 시간에 반성할 요소로 자주 언급되고는 한다.

'우리 플레이는 너무 젠틀한 신사 축구야. 기회가 있어도 멈칫하잖아.'

난 왜 그 짜릿함을
다른 사람에게 주려고 했을까?

나는 그중에서도 유난히 움츠러들어 있는 거북이 같은 선수다.

팀 훈련이 있던 날 연습 게임에 참여했을 때였다. 우리 팀을 향해 공을 몰고 오는 상대 팀원을 수비해야 하는 상황이었다. 나는 분명 그 팀원을 좀 더 끈질기게 붙잡고 시간을 끌며 씨름을 할 수 있었음에도 그가 골대를 향해 갈 수 있도록 양보를 했다. 왜 그랬냐고 묻는다면, 저도 모르겠어요! 습관 같은 반응이었던 것 같다. 팀을 나눠서 경기를 하고 있지만 결국엔 내가 애정하는 '우리 팀'의 선수이기에 그 사람이 성취감을 느끼길 바랐던 것 같다.

그 팀원이 나를 지나쳐 골을 넣었는지, 넣지 못했는지는 기억나지 않는다. 그저 그날 생각이 많은 밤을 보냈던 것만 기억난다. 나를 상대로 시저스 기술을 성공할 수 있는 기회를 만들어 주고 싶었던 걸까? 기어코 골을 넣어

짜릿한 맛을 보길 바랐던 걸까? 난 왜 그 짜릿함을 다른 사람에게 주려고 했을까?

왼손잡이 장녀

K-장녀라는 역할을 부여받아 산 지 30년째. 장녀로 자라온 삶을 요약하자면 양보의 삶이었다. 내가 가진 최초의 기억 중 하나는 어렸을 때 동생의 존재를 질투하여 동생의 분유를 뺏어 먹으려고 한 것이다. 갑자기 내 인생에 나타난 부모님 독점 시장 파괴자! 독점에서 자유 경쟁 시장으로 넘어가던 그 순간을 분명히 기억한다. 그리고 그때의 나는 분명히 원하는 바를 조잡하지만 투명하게 표현할 줄 아는 아이였다. 그렇지만 그 순간은 아주 짧았다. 모종의 교육과 훈육을 거친 뒤로부터 나는 점차 타인에게 나의 것, 나의 기회를 양보할 줄 아는 '착한 아이'로 거듭나게 되었다.

그리고 그 착한 아이는 왼손잡이다. 전 세계 왼손잡이

비율은 10% 정도로 추정된다. 3:7도 아니고 2:8도 아니다. 1:9 정도의 수적 열세에서는 게임이 성립되지 않는다. 다수와의 싸움은 있을 수 없는 일이며 싸움의 기회를 얻지 못한 채 디폴트값에서 예외 처리되며 살아가는 수밖에 없다. 이런 압도적인 상황에서 깍두기들은 본인이 깨닫기 전까지 디폴트값이 주는 불편함을 인지하지 못한다. 문구용부터 주방용까지 모든 카테고리의 가위, 카드 결제 후 사인 패드에 달린 펜의 위치, 지하철 개찰구에서 카드를 태그하는 곳 모두 디폴트값으로 설정되어 있다는 사실을 알고 계셨는가!

왼손잡이 K-장녀. 첫째로 태어나 양보를 하면 '착한 누나구나.'라는 칭찬을 들어서였을까? 왼손이 더 편한 사람인지라 일상 속 사소한 불편함은 가뿐히 감내하며 지내왔기 때문이었을까? 타고난 성향 때문인지 자라온 환경 때문인지는 모르겠다. 돌이켜보니 상대방에게 맞춰주는 것이 편한 사람이 되어 있었다.

게임은 게임이다

 앞서 말했듯이 우리 팀은 행복한 풋살을 추구한다. 회사에서 여덟 시간을 근무하고 난 뒤 주어지는 찰나 같은 나의 시간. 그 소중한 몇 시간을 풋살에 할애하는 것이니 당연히 행복해야 한다. 그런데 풋살로 행복하려면 이겨야 한다. 스포츠의 기쁨은 성취에서 나오며 대개 성취란 승리로 이뤄진다. 상대방에게 양보를 했던 그날 나는 승부의 세계에 배려라는 초대받지 않은 손님을 불러들인 것이다. 아무리 30여 년간 착한 아이로 살았다고 해도 경기장 안까지 그 모습을 가져와서는 안 되는 것이었다. 올림픽 경기에서 상대방에게 금메달을 양보하는 운동선수를 상상해 봤다. '이게 무슨 미친 짓이지?' 아무리 동네 아마추어 경기라고 해도 게임은 게임이다. 게임에는 어쩔 수 없이 승패가 존재하는 것인데 나는 혹여라도 패배에 일조하는 사람이 되고 싶지 않았던 것 같다. 심지어는 승리에 기여할 수 있는 움직임을 보여주고자 노력하지 않은 적도 있는 것 같다. 게임을 뛰고 있는 선수인데 관찰자처럼 행동했다고 해야 할까? 나의 플레이보다 상대방이 감정적, 신체적으로 상처를 입을까 봐 걱정하며 게임에서 한 발짝 떨어져 있던 것이다.

얼마나 우습고 비겁한 행동인가. 나는 등껍질 안에 웅크려 숨은 거북이였다.

건강한 공격성

건강한 공격성(정상적 공격성, Normal Aggression)이란 것이 있다. 공격성이라고 하면 부정적인 이미지가 떠오르곤 하지만 사실 사람들은 모두 본인을 지킬 수 있는 공격성을 가지고 있어야 한다고 한다. 싫은 일에는 싫다고 말할 수 있는 모습이 건강한 공격성인 것이다. 여기서 포인트는 거부 의사를 표현할 때 과도하게 불편함을 느낄 필요가 없다는 것에 있다. 왜냐하면 그것은 나의 마음, 나의 생각이기 때문이다.

이 개념을 풋살장 위에 적용시키고 보니 잠에 들지 못한 날 내 마음을 괴롭힌 게 무엇이었는지를 깨닫게 되었다. 경기에서 이기고자 하는 움직임은 모두 정상적인 공격성인 것이다. 상대와 몸을 부딪치며 공을 지켜내는 것, 움직이라고 소리치며 콜 플레이를 하는 것, 상대의 파울을 심판에게 어필하는 것들도 모두 풋살 플레이다. 한때 나는 이런 플레이를 하다가도 상대방이 기분 나빠할 것을 걱정하며 멈칫거린 적이 있었고, 그렇게 하고 나서 후회하기도 했다. 그렇지만 이제는 풋살 규칙하에 최선을 다하는 것이 좋은 플레이라는 것을 깨닫게 되었다. 그리고 무엇보다도 최선을 다한다는 사실에 불편한 마음을 갖지 않아도 된다는 것을 잊지 않으려 노력한다.

건강한 풋살 생활

혹시 내가 소리쳐서 기분 나빴을까?	➡	멀리서도 잘 들려. 오히려 좋아.
너무 달라붙어서 불편하게 한 걸까?	➡	최고의 수비 플레이. 감사합니다.
(파울 아닌가?)	➡	파울 아닌가요? 핸들! 핸들! (우리 팀 득점 기회 만들기)

거북이 달린다

 공격성은 양보왕으로 사느라 제대로 배우지 못한 요소였다. 본인의 삶이지만 타인의 비중을 더 높인 채로 살아왔기에 공격의 '공' 자도 떼지 못했던 것이다. 그랬던 양보왕이 공을 차기 시작하면서 비로소 인생에 '공'을 들이기 시작했다.

 풋살에서 연습 경기, 친선 경기, 대회는 경기를 한다는 공통점을 빼면 정말 다르다. 연습 경기에서 대회로 갈수록 공격성이 더 짙어지며 승부의 세계와 더 가까워진다. 같은 팀 내에서 진행하는 연습 경기와 상금을 걸고 다른 팀과 실력을 겨루는 대회는 분위기부터 확연히 차이가 날 수밖에 없다. 자연스럽게 승부욕을 불태울 수 있는 환경 덕분이었을까, 우연히 욕심 없이 나간 대회에서 나의 공격성을 비로소 인정받게 됐다.

 그 대회에서 처음으로 픽소 자리에서 플레이를 하게 됐다. '수비 자리에서 웬 공격성?'이라는 의문이 들 수 있지만 그날 나는 집착적으로 최선을 다했다. 그동안 픽소 역할로 플레이는커녕 연습을 해본 적도 없었기에 불안하고 걱정스러운 마음을 안고 경기에 들어섰다. 그래서인지 움직이면서도 이렇게 하는 게 맞는 건가 하는 의심이 들었다. 그러다 언제까지고 불안한 마음으로 경기를 할 수 없기에 스스로 미션을 주었다. '상대가 나를 귀찮다고 생각하게 만들자.' 골키퍼 앞, 마지막으로 수비를 할 수 있는 자리다 보니 상대에게 공격 기회를 주지 않는 것을 목표로 설정한 것이다. 그래서 최선을 다해 상대 팀원에게 달라붙었다.

그리해서 플레이를 잘했느냐고 묻는다면 슬프게도 그렇지 못했다고 할 수밖에 없다. 1:1 상황에서 나를 제치고 슛을 찬 사람도 있었고, 한 사람만 보고 막느라 패스 플레이를 커버하지 못해 실점으로 이어지기도 했다. 연습을 한 적이 없으니 잘할 수 없는 상황이라며 핑계를 댈 수야 있겠지만 실점이 있을 때마다 마음이 좋지 않았다.

그런데 그때 자칫 좌절의 구렁텅이에 빠질 뻔한 나를 구해준 것은 다름 아닌 함께한 팀원들의 칭찬이었다.

"그린 수비 잘하는 것 같아요. 처음 해보는 자리인데 잘 막던데요?"

팀 분위기를 살리기 위해 한 말일 수도 있지만 내겐 그 칭찬이 마음 깊숙이 들어왔다. 칭찬은 거북이도 춤추게 한다지 않던가(고래든 거북이든 누구든 좋았으면 됐지, 뭐)! 심판 몰래 상대 팀 옷을 잡아당기기도 하고, 골대 쪽에 자리를 잡으려고 하는 상대 공격수를 몸통으로 밀쳐내며 남몰래 최선을 다했는데 이 모든 것을 알아준 것 같았다. 그리고 그 칭찬 덕분에 내 마음가짐도 바뀌었다. '그래, 익숙하지 않은 포지션이었는데 어떻게 한 번에 잘해. 내가 생각해도 방금은 진짜 끈질기게 따라붙었어. 잘했어.' 팀의 성적과 상관없이 개인적인 성과를 얻은 날이었다.

'지금 이걸 공격적이라고 하는 거야?'라고 할 수 있지만 공격성이라는 세 글자 중에 이제 공을 들이기 시작한 사람이라는 점을 기억해 주길 바란다. 그리고 무엇보다 나 스스로 느낀다니까요? 나도 조금은 공격적인 면이 있어!

모래사장에서 웅크려 있던 거북이는 엉금엉금 기어가 푸른 바다에 몸을 담갔다. 파도가 거셀 때는 왜 바다에 발을 들였을까 하는 후회가 들기도 하지만 반짝반짝 빛나는 바다를 보면 아무래도 발을 떼길 잘했다는 생각을 한다. 무엇보다 바다를 같이 헤엄쳐 나가는 친구들이 있어 그런 후회는 가볍게 바람에 날려 보내기로 한다. 바다에 오지 않았더라면 파도를 마주하는 건 아프지만 파도에 올라타면 즐겁다는 걸 영영 몰랐을 것이다. 앞으로는 예전보다 더 단단한 껍질을 가질 수 있기를, 지금처럼 친구들과 재밌게 바다를 누빌 수 있기를.

운동장으로 출근하겠습니다

취미 부자에게 생긴 새로운 취미

제인

취미 부자에게 생긴 새로운 취미

'제인, 아지트(회사에서 사용하는 업무용 소셜 커뮤니티 서비스)에 여자 풋살 팀 모집 글이 올라왔는데 봐봐요!'

팀카카오, 이 열정적인 여자 풋살 팀에 들어온 계기는 어느 날 회사 톡방에서 팀원 한 분이 던진 링크에서 시작되었다. 당시 나는 회사 신우회, 영화 제작 동아리, 그리고 회사 밖에서의 댄스 동아리까지 세 개의 동아리 활동을 하며 알찬 외향인의 삶을 살고 있었다. 모집 글을 보니, 회사 사람들의 큰 관심 속에 목요일 레슨반이 추가로 열리며 두 번째로 팀원 모집을 구하는 글이었다.

'골 때리는 그녀들'이라는 프로그램이 인기라는 건 알고 있었지만, 여자 축구가 이만큼이나 활성화되었다는 사실에 크게 놀랐다. '축구라……' 마지막으로 축구공을 찼던 열세 살 무렵의 기억이 공의 궤적처럼 시작되었다.

이제 막 총총 뛸 수 있었던 나이부터 밖에서 사람들이랑 노는 게 좋았다. 어느 정도였냐면 밥시간에도 집에 들어가지 않아서 엄마가 손수 한 입 거리의 미니주먹밥을 만들어 놀이터에서 식사를 챙겨줄 정도였다. 나는 여느 남자아이처럼 자랐는데, 초등학교 체육 시간엔 여자는 피구, 남자는 축구를 할 때 혼자 '남자 팀'에 들어가 축구를 했었다. 상대 팀의 남자아이들이 "여자애가 무슨 축구냐."라고 비아냥대기도 했지만, 우리 반 친구들이 "얘, 잘해."라고 말해줄 때 말로 표현할 수 없는 소속감과 제대로 보여줘야겠다는 승부욕을 동시에 느끼기도 했다. 간혹 비속어가 섞인 큰 소리로 서로를 비난하거나 칭찬하기도 하면서, 땀 냄새와 흙냄새가 섞인 공기를 마시며 운동장을 맘껏 뛰어다녔었다.

그렇지만 팀원분이 풋살을 추천해 주셨던 당시 나는 풋살을 배우고 있지도 않았고, 축구 광인도 아니었는데 내게 그 모집 글을 권해 주신 이유는 무엇이었을까? 심지어 팀원분들과 축구와 관련 토크조차 해본 적도 없었는데 말이다. 최근에야 그 이유를 여쭤보니 내가 회사 내 다른 동아리들도 열심히 하고 있고, 활동적이며, 운동을 좋아하는 사람이라 생각해서 그냥 자연스럽게 전했다고 알려주셨다(지금은 운명이라고 생각하기로 했다).

'나에게 축구는 초등학교 이후로 멈춰 있던 뿌연 먼지 속 빛바랜 추억인데…….'

그때의 천진난만하고 공 하나에 일희일비했던 나와 친구들의 모습을 떠올리며 기대를 품고 '다 큰' 어른들의 풋살 레슨 구장에 첫걸음을 내디뎠다. 어떤 동료들을 만나게 될지, 어린 시절의 그 감정들을 다시 느낄 수 있을지 기대도 되었지만 그때처럼 자유롭게 뛸 수 있는 체력이 남아 있을지 걱정이 되기도 했다.

유난히 내성적인 팀카카오에 'E' 한 스푼

사람을 네 가지 알파벳으로 다 설명할 순 없지만 나의 MBTI는 'ENFP'다. 대학교 때 학교에서 유료로 검사했던 결과부터 온라인으로 했던 검사 모두 ENFP로 나왔다. 이제 회사 생활에 찌들면서 성격이 좀 변한 것 같다고 생각했으나, 최근 입사한 분이 입사 2일 차 때 "제인은 엔프피죠?"라고 바로 맞추는 것을 보고 본질은 변하지 않았구나 싶었다. 갑자기 MBTI 이야기를 꺼낸 이유는 팀카카오의 분위기를 설명하고 싶어서이다. 풋살은 한두 명도 아니고 10명 이상은 모여야 하는 단체 스포츠 활동이라서, 팀카카오에는 당연히 외향적인 분들이 많을 거라고 생각했지만 예상과는 다르게 내향인의 비중이 높았다.

첫 레슨 분위기를 아직도 기억한다. "안녕하세요! 제인입니다. 오늘 처음 왔어요!"라고 인사를 했는데 성대한 환영이 아닌 마스크 때문에 잘 들리지 않는 소곤소곤한 인사말이 돌아왔었다(이때는 코로나 여파로 전부 마스크 착용 후 수업을 받았었다). 처음에는 사내 동호회이기에 '아무래도 회사 사람들이라 거리를 좀 두고 싶어 하는 것일까?' 생각했으나, 레슨이 끝난 후 연습 경기가 시작되자 다들 눈을 빛내고 큰 소리로 콜하고 응원하는 모습을 보며 '그건 아니구나.'라고 혼자 또 생각했다. 연습 경기 중에 좋은 모션이 있을 때 다 같이 칭찬해 주고(상대 팀 포함!) 골을 넣었을 때 다 같이 축하해 줬다(이것도 상대 팀 포함). 그렇다고 다들 승부욕이 없는 것은 아니었는데, 수업 시간에 배운 스킬이 경기에서 나오거나 멋지게 골을 넣었을 때 우리 팀, 상대 팀 할 것 없이 다 같이 진심으로 박수를 쳐주는 모습이 참 따스했고 사랑스러웠다(우리 팀의 연습 경기 영상의 특징은 누구 하나 멋진 골을 터트릴 때 모든 사람이 박수를 치는데 그게 그렇게 귀엽다). 무엇인가 귀엽게 보인다면 끝난 거라고 했던가? 이렇게 팀카카오는 내 인생에 스며들고 있었다. 그래서 이 사랑스러운 풋살 팀에 내가 할 수 있는 일이 무엇인가 고민했고, 그 답을 지금도 계속 찾고 있다.

우선 세 가지만 먼저 이야기해 보면, 첫 번째, '가족 소개하기'다. 나 유부녀 제인. 앞으로 풋살을 맘껏 하려면 남편의 배려와 지지가 필요했다. 그래서 레슨을 하는 곳에서 주최한 작은 풋살 경기에 팀 허락을 받고 처음이자 마지막으로 남편을 초대했었다. 현재의 내 가족을 팀에 소개하고, 남편에게는 이 열정적인 풋살 팀에서 내가 얼마나 진심을 다해 뛰는지를 보여주고 싶었다(이때 챙겨 간 수박화채는 인기 만점이었다!). "다들 열심히 잘 뛰시네. 나도 이런 몰입할 수 있는 취미를 찾아야 하는데……." ISTJ인 남편의 감명받은 소감이었다.

축구를 좋아하지 않은 남편이기에, 경기를 같이 뛴다거나 내 경기를 보고 피드백을 해준다거나 축구 경기를 같이 보는 것과 같은 직접적인 지지를 받진 않았지만, 발목을 크게 다쳤을 때 업고 집에 데려다주고, 몇 번 부상을 입었을 때 이제 그만두라는 핀잔을 하지 않고, 쫑알쫑알 축구 관련 이야기를 할 때 귀 기울여 주고, 심지어 결혼기념일 당일에 판교 리그가 잡혔을 때도 경기 뛰고 오라며 양보해 주는 배우자였다. 이러한 남편의 배려 속에 나는 '풋살러'로 무럭무럭 성장할 수 있었다.

두 번째, '여름 MT MC 맡기'이다. 팀카카오에 들어간 그해, 여름 MT의 MC를 맡았다(대학교 때 왜 취득했는지 모르겠지만, 레크레이션 강사 자격증이 있었던 것도 한몫했다). 팀카카오의 첫 여름 MT라서 정말 잘하고 싶은 부담감과 기억에 남을 만한 특별함이 있었으면 했다. 뭐든지 '처음'이라는 단어가 들어가면 특별해진다. 이 풋살 동호회 역사에 남을 그런……. 첫 여름 MT 아닌가! 그래서 다른 모임에서 반응이 좋았던 게임들을 떠올리며 MT 프로그램을 구상했었다.

먼저 서로 알아 가는 데에 제일인 '마니또' 게임을 제안했다. 각 사람마다 개인 톡으로 마니또를 알려주며 'ㅇ

○의 마니또'라는 이름으로 오픈채팅방에 들어오게 한 다음, MT D-day 일주일 전부터 익명의 오픈 채팅방에서 매일 미션을 주었다. 나에 대한 힌트 세 가지, 내 마니또 그리기, 마니또를 위한 삼행시 등등. 대망의 MT 날에는 마니또를 위한 편지 전달과 함께 마니또 맞추기 게임을 했다. 마니또를 많이 맞춘 사람에게는 상품까지 주었다! 다들 한 승부욕 하는 사람들이라 탐정이 되어 누가 누구의 마니또인지 서로를 탐색하기 시작했다.

MT 날에 마니또가 한 사람씩 공개되자, "아~" 하는 탄성과 "역시!" 하는 소리가 흘러나왔고, 점점 게임은 무르익다가 '몸으로 말해요'에서 터졌다! 가수를 몸으로 설명하기 위해 열심히 케이팝 춤을 추는 동료들로 환호성이 가득했는데, 극 'T'의 조용한 언니가 가수 '비'를 표현하기 위해 "습-하 습-하." 하며 레이니즘 춤을 추는 순간 환호성은 배로 커졌다! 또 1초만 듣고 어떤 노래와 가수인지 맞추는 음악 퀴즈도 반응이 참 좋아서, '음악 천재' 제이시를 필두로 미니 게임의 미니 게임으로 밤새 음악을 들었다. 어느 여름밤의 소중한 추억이 생겼고, 우리만의 아는 밈이 생겼다.

그다음 해 여름 MT에도 MC를 하며 결은 살짝 비슷하지만, 새로운 팀원들과도 같이 팀워크를 향상시킬 수 있는 게임을 했고, 당시의 코치님과 함께 풋살 연습 게임도 하며 각자의 포지션과 풋살에 대한 깊은 이야기로 밤을 재밌게 지새웠다. 이때 MC는 젤다와 함께 했었는데, 출근 전 아침과 주말에 구글 MEET에서 만나서 스프레드시트로 MT 프로그램을 고민했었다. 서로 교류가 많지 않은 분들과 마니또 및 게임 조를 짰고, 음악 퀴즈는 연도별/드라마/영화/애니 음악 카테고리로 나눠서 작년보다 난이도를 높였다. 그리고 정답을 보고 한 사람씩 그림을 그리며 마지막 팀원이 그 그림만을 보며 정답을 맞추는 그림 퀴즈와 당시 인기 있었던 '지구오락실' 예능 게임도 몇 개 가져오면서 이 게임을 즐길 팀카카오 동료들을 상상하며 재밌게 준비했었다. 같은 업무용 도구인데 업무가 아닌 팀카카오 MT 준비는 참 즐거웠고, MT 오길 잘했다는 말 한마디에 진심으로 행복했다.

세 번째는 '릴스 찍어서 추억 남기기'다. 바야흐로 릴스의 시대다. 유행하는 릴스를 찍어 올리는 풋살 팀들이 종종 보였다. 우리 인스타의 팔로워 수를 걱정하는 보니 회장의 얼굴과 다른 팀의 행복한 표정이 담긴 릴스들을 보니, 가만히 있을 수 없었다.

'팀카카오도 뭔가 찍어야겠다!'

릴스 그룹을 하나 만들어서 레퍼런스할 만한 단체 영상 릴스를 보고, 찾고, 이 릴스를 찍는 우리의 모습을 상상했다. 부담스럽지 않은 단순한 동작이 들어간 릴스부터 조금 복잡한 릴스까지 마음속으로 레벨을 매겨서 팀카카오 동료들에게 보여줬다. 그중에서 다수결의 동의를 받은(비교적 어렵지 않은) 멋진 릴스 몇 개를 찍었고, 우리의 추억 한 페이지가 인스타에 생생한 영상으로 남겨졌다. 지금도 예쁘지만 나중에 돌아보면 눈부시게 아름다운 우리일 것이다.

이 글을 쓰는 시점엔 열심히 TF와 함께 송년회를 준비하고 있다. 나이대는 다양하지만 대한민국 모두가 한마음으로 힘차게 응원했던 시절, '2002 붉은 악마' 컨셉으로! 이번에도 함께 보내는 시간 속에 서로 더 촘촘하게 얽매여지고 더 애틋해졌으면 좋겠다.

나의 세상을 확장시켰지만, 삶은 축소시킨 풋살

세상엔 재밌는 게 너무나 많다. 그리고 혼자 하는 것보단 다른 사람들과 함께하는 게 훨씬 재밌다. 그래서 참 많은 것을 '재미'라는 이름 아래 도전해 왔다. 사내 밴드 동호회에 들어가서 연말 공연도 해보고, 같은 팀이었던 친구의 권유로 댄스 동호회에 들어갔다. 우연히 춤추듯 유영하는 롱보드 타는 영상을 보고 동료와 퇴근 후 롱보드를 배웠고, 영화 제작 동호회에 들어가서 배우와 스태프로 영화도 찍어봤다. 이 밖에도 올해 자격증을 취득한 프리 다이빙, 클라이밍 정도가 생각나는데 아직도 하고 싶은 버킷 리스트들이 많이 남아 있다.

돌아보면 지금까지 내가 했던 단체 활동은 승패가 없었다. 밴드 및 댄스 동아리는 어떤 대회나 공연에 나간 적이 없었고, 영화 제작 동아리는 사내에서 제작해서 어딘가에 출품한 적이 없었다. 과정과 결과물은 있지만 달

콤한 승리의 열매와 쓰라린 패배의 열매는 맛보지 못했다. 하지만 풋살은 경기마다 승패가 존재했고, 평화로웠던 나의 세상에 '승부욕'이라는 엄청난 것이 생겼다. 원래도 승부욕이 세긴 했는데, 풋살에서의 승부욕은 차원이 달랐다.

"제인은 경기 시작하면 눈이 돌아간다."라는 이야기를 들으며, 처음엔 공만 보면서 공을 빼앗고 골을 넣고 이기는 것에만 집중했었다. 경기에서 지면 착잡한 마음을 가지고 집에 가서 경기 영상을 밤새 돌려보며, 반성과 자책의 굴레에 빠지곤 했다. 그러다가 판교 리그를 조별로 준비해 보자는 이야기가 나오면서 제이시가 이끄는 B조에 들어가게 되었다.

지금 생각해 보면 노란색 유니폼을 입은 병아리들이 독기 어린 눈으로 삐약삐약 하며 종종걸음을 맞췄던 이미지로 그려진다. 엄청난 부담이 있었을 텐데 제이시는 과몰입의 끝판을 보여주며 훈련 구상부터 각자의 장점 캐치하며 엔트리를 짜주었고 그 과몰입의 영향이 우리한테도 전해져서 정말 열심히 훈련에 참여했다.

그리고 대망의 판교 리그 당일! 연습했던 그 패스대

로 착-착-착! 마치 한 몸처럼 패스부터 골까지 연결되었다! 그때의 쾌감과 승리는 어딘가 그리웠던 짜릿함이었다. 그랬다. 초등학교 시절 순수하게 공만 차도 행복했던 그때의 감정, 아니 더 큰 감정이 요동쳤다. 이날 이후로, 단순한 '승리'보다 더 신뢰할 만한 동료가 되는 것이 목표가 되었고 주 2~3회는 비가 오나 눈이 오나 풋살을 했다. 내 삶과 알고리즘은 어느새 풋살로 가득 찼다(요즘 알고리즘은 풋살 관련 사업들부터, 잘하는 여성 풋살 팀들과 풋살 기술들, 발목 재활 운동법 등이다). 그리고 풋살 개인 레슨과 팀 레슨, 친선 경기에 대회 일정까지……! 풋살만으로도 바쁜 날들을 보내고 있기에 아직 하고 싶은 버킷 리스트는 잠시 접어두게 되었다.

죄인이 되어버린 제인

외부에서 충전되는 뼛속까지 외향인 성향 때문인지 일을 정말 많이도 벌인다. 캘린더에 미리 일정을 등록해 두

어야 하고, 하루에 두 탕, 세 탕을 뛸 때도 종종 있다. 그러다가 어느 날 풋살을 하다가 발목을 크게 다치는 끔찍한 일이 일어나고야 말았다. 태어나서 그렇게 밖에서 뛰어놀아도 목발 한 번 한 적이 없는 튼튼한 아이였는데, 목발까지 짚게 되었다. 그래서 미리 계획해 두었던 일에 차질을 빚고 폐를 끼친 '죄인'이 되어버렸다. 같이 촬영을 계획했던 댄스 영상도 나 때문에 취소가 되어버렸고, 영화 제작 동호회의 영상 촬영도 앉아서 촬영을 할 수밖에 없었다.

걸음이 빨랐던 내가 신호등을 겨우 건너고 성질이 급해서 가까운 층은 계단으로 갔던 내가 엘리베이터를 하염없이 기다리고, 택시로 출퇴근을 하며 교통비가 30만 원이 나오고, 일어나서 샤워가 불가능해서 거의 매일을 목욕탕에 물을 받아 씻어서 보일러 비용이 40만 원 가까이 나왔다.

처음에는 내가 목발도 짚어보는구나 하며 그럴 수 있지 하고 넘어갔지만, 한 분기도 지나지 않아 또 크게 부상을 당하면서 좌절을 했다. 회사 외 내 시간이 풋살

하거나 아니면 풋살하다 다쳐서 아무것도 못 하거나 둘 중에 하나인 사실이 좀 웃겼다. 재미로 시작한, 얼마 되지 않은 이 운동이 이렇게 내 삶 전체를 좌우하다니.

'어쩌면 나는 풋살이 안 맞는 게 아닐까? 세상에 많은 운동이 있는데 꼭 풋살을 할 필요는 없잖아?'

이런 생각을 하며, 혼자 풋살과의 이별을 준비하기도 했었다. 2022년 6월 팀을 이동한 뒤로 분기별로 깁스를 해서 지금 이동한 팀분들은 나를 '축구에 미친 제인'으로 보는데, 어느 날은 한 분이 진심으로 여쭤보셨다.

"자꾸 다치는데…… 축구 왜 계속해요?"

그 말에 나도 모르게 밝은 목소리로 "재밌어서요!" 하면서 쫑알쫑알 패스부터 골 연결까지의 짜릿함을 얘기했다.

'아, 나는 아직 계속 축구하고 싶구나.' 이야기가 끝난 후 깨달았다.

언젠가 풋살을 그만두는 그 순간이 오기 전까지 각자의 풋살 이야기를 가지고 초록 잔디를 밟으며 뛰는 현재를 선명히 즐기고 싶다. 따스한 응원을 받으며, 뛸 때 가장 반짝이는 팀카카오를 사랑한다.

운동장으로 출근하겠습니다

골대를 향한 도전, 나를 향한 도전

젤다

축구의 ㅊ도 몰라도 열정만 있으면 됩니다

"네? 서비스를 종료한다고요?"

회사에서 담당하던 서비스가 급작스레 종료 결정되어 그 업무를 맡았던 우리 팀은 해체되었다. 서비스 런칭 멤버로 합류하여 서비스를 탄생시키고, 나름 안정적인(주관적일 수 있음) 서비스로 자리매김하던 서비스 5년 차에 일어난 일이었다. 과장 조금 보태 내가 낳은 자식과도 같은 서비스를 종료해야 하는 상황은 나의 지난 5년의 시간까지 부정되는 느낌이기도 했다. IT 기업 특성상 TF의 형성과 해체가 빈번히 일어나지만 보통 겸직 발령이기 때문에 본체가 속한 팀은 잘 유지되기 마련이다. 그렇기에 서비스 종료에 따른 온전했던 팀의 해체가 주는 무게감은 아주 많이 달랐다. 회사도 서비스의 종료는 처음이어서 우리 팀이 서비스 종료 TF 역할까지 해야 했다. 서로가 안녕을 준비할 여유도 없이, 슬픔을 느낄 틈도 없이 서비스를 '잘' 종료하는 데에 전념하느라 어느 때보다 바쁘고 씁쓸한 마지막 6개월을 보냈다.

어느 팀으로 발령이 날 것이라는 소문(아무도 명확하게 이야기해 주지 않았기에)은 들었지만 내가 하고 싶은 일을 하게 될지, 합류하게 된 팀에는 잘 적응할 수 있을지 등 새로운 변화를 앞둔 불안감은 나날이 커졌다. 그때 동호회 회장에게 메신저를 받았다. 신청했던 사내 여성 풋살 동호회에서 2기 멤버를 모집하게 되어 대기를 걸어 둔 분들부터 연락을 취하고 있다고. 얏호! 지금 기억에 거의 1초 만에 가입하고 싶습니다! 라는 답을 보냈던 것 같다. 그해 일어난 일들 중 가장 행복하고 짜릿한 순간이었다고 지금도 말하곤 한다. 동호회 모집 글을 접하게 된 건 우리 팀 멤버 대다수가 그렇듯 '골 때리는 그녀들' 프로그램을 통해 여자 축구에 대한 관심이 높아져 아지트(회사에서 사용하는 업무용 소셜 커뮤니티 서비스)에 검색을 하다 우연히 발견하게 된 것인데, "축구의 ㅊ도 몰라도 열정만 있으면 됩니다."라는 문구에 질러보자 생각했다. 생각이 많아지던 불안한 시기에 가진 건 말 그대로 열정과 시간뿐이었던 난 뭐라도 해보자 싶었던 것이다. 이미 모집이 마감된 글이었음에도 "추후 언제라도 충원하게 되면 연락 주십쇼!"라고 남겼던 기억이 난다. 회장의 연락을 받았던 시점에는 언제 신청을 했었는지 기억이 안 날 정도로 우울한 날들의 연속이었지만, 2022년의 마지막을 좋은 기억으로 마무리할 수 있게 해준 터닝 포인트가 되어주었다.

새로운 팀으로의 합류 그리고 새로운 동호회의 시작. 모든 것이 낯선 환경이라는 공통점이 있었지만, 그 속에서 느껴지는 분위기는 사뭇 달랐다. 이미 온전했던 팀에 합류하게 된 나를 보는 저들의 어색하고 경계하는 듯한 눈빛. 평화를 깨버린 사람이 된 것 같아 내가 어떤 사람인지 스스로 보여주고 증명해야 팀원으로 받아들여질 것 같은 불공평함이 있었다. 비슷한 시기에 합류하게 된 팀 카카오는 정반대의 분위기였다. 물론 어색함의 시간은 있었지만 함께 합류하게 된 '동기'가 있어서 주는 든든함과 같은 선상에서 시작한다는 공평함이 아주 큰 위로가 되었다. '이 사람들 내가 뭐라고 이렇게 반겨주고 환영해 주는지.' 바닥으로 떨어져 가던 내 자존감을 구제해 준 원년 멤버들의 따뜻한 분위기에 마음속으로 여러 번 울컥했다.

재미없고 불안정한 일상에서 시작하게 된 풋살이라는 취미는 그만큼 소중했고, 잘하고 싶었고, 그렇기에 모든 게 다 좋았다. 영하의 날씨에 얼굴이 벌게지고 발가락 끝에 감각이 없어도 아이마냥 행복했고, 땀이 흥건한 채 판교역으로 돌아가는 그 10분 사이에 오가는 피드백과 고민의 시간들은 회사에서의 고민보다 훨-씬 진심이었다. 모두 직장인이기에 저마다의 스트레스가 있을 텐데도 이렇게 소중한 시간을 내 취미 생활에 진심을 다하는 모습들이 감동스러울 때도 있어서 함께 모인 이 시간이 더 재밌고 행복했으면 좋겠다고 생각했다. 그렇게 아무도 시킨 적 없는 나 혼자만의 칭찬 릴레이가 시작되었고, 어떤 순간에도 "잘했어! 좋았어! 나이스!"를 외치는 31번이 되어갔다. 회사 일에 지친 날에도 훈련은 절대 사수했고, 서로에게 긍정의 에너지를 주고받으며 격려하는 시간 속에서 저 바닥에 있던 내 자존감도 어느새 회복해 갔다. 어쩌면 가장 자존감이 낮았던 시기에 시작하게 된 취미여서, 내가 듣고 싶은 말을 우리 멤버들에게 많이 해줬던 게 아닐까 하는 생각이 든다. 그 당시 나는 열정을 쏟아부을 곳이 필요했고, 그곳이 다행히도 팀카카오라서 좋았다.

돌이켜 보면 반년의 기다림 끝에 단순히 내 순번이 되

어서 동호회에 들어가게 된 것이었지만 내 대기 번호가 더 늦었더라면, 회사 일이 바빠 동호회에 가입할 마음의 여유가 없었더라면, 아마도 그해 겨울은 누구보다 춥고 속상하게 마무리되지 않았을까 싶다. 다 이렇게 되려고 그랬나 보다~ 하는 생각이 든다. 역시 인생은 타이밍이라 했던가!

톡 치면 골!

 2022년 12월 새로운 멤버로 합류하게 되었고, 새해맞이 팀 훈련이 한창이던 즈음 여러 경기를 경험할 수 있었다. 볼 컨트롤부터 패스, 드리블 등 기본기도 없던 시절이었지만 나는 골대 근처에 서 있다 소위 '얻어걸린' 골들이 있었다. 꽤 많았다. 지금 돌이켜 보면 키퍼부터 시작된 전개가 픽소-아라-피보로 연결되었고 우연히 내 발끝을 스쳐 골로 이어진 것이었지만, 몇 차례 터진 골과 카메라를 향한 골 세리머니의 맛을 보며 내가 '에이스'가 된 느껌을 받았었다. 우리 동호회 슬로건인 "톡(Talk) 치면 골(Goal)!"이 나에게 하는 말인가 싶을 정도. 이게 내 발목을 잡을 줄은 몰랐다.

 부지런히 아카데미 수업을 출석하고 팀 정기 훈련도 참여하면서 한창 기본기를 다지던 때, 경기에서 간간이 골을 넣는 경험을 하다 보니 내가 꽤 잘하는구나 착각하게 만든 것이다. 노력의 시간과 실력은 비례한다는 룰이 풋살에도 적용되는 말이구나 싶었다. 하지만 올 것이 왔다. 자존감과 자신감이 한창 높아질 무렵이자 풋살을 시작한 지 약 1년쯤 되던 시기에 플랩에서 주관하는 O-PTL(Office-Plab Team League) 대회에서 우리 팀은 우승을 했고, 나는 그날 밤 오열했다.

 예선 리그 여섯 경기 중 나는 두 번의 선발, 한 번의 교체가 예정되어 있었지만 결과적으로 내 출전 시간은 10분 남짓으로 마무리되었다. 앞 세 번째 경기까지의 경기 결과로 인해 엔트리가 현장에서 실시간으로 바뀌었던 것. 승점을 가져다줄 최강 멤버로 엔트리가 전면 수정되었다. 열심히 맞춰본 킥인, 코너킥 전술 하나라도 한번 성공해 보자 다짐했던 날이었건만 준비해 간 내 '연기'를 발휘할 시간은 없었다. 모든 경기를 할 때 구장과 친해지는 데 유독 시간이 좀 필요한 우리는 대회가 열릴 풋살 구장에 조금이라도 익숙해지고자 경기 일주일 전 그곳에서 시뮬레이션까지 하는 철저함까지 갖췄었는데! 그걸 보여줄 기회가 주어지지 않았던 것이다. 당시 '판교 여성 직장인 일등 풋살 팀' 타이틀을 가진 우리 팀이었기에 대회에 임하는 멤버들의 마음은 어느 때보다 진지했고, 그때 당시 팀 코치도 우승을 위한 열정이 가득했다. "우리 팀이 좋은 결과를 내는 게 중요하지, 그게 팀 스포츠지!"라고 생각했기에 이 모든 결정과 상황이 이해는 갔다. 그렇게 나는 대부분의 시간을 경기장 '밖'에서 목소리가 갈라지도록 우리 팀을 응원했다(결국 우리 팀은 우승 타이틀을 유지할 수 있었고 나는 한 번의 선발 그리고 한 번의 교체로 경기를 마무리하였다).

우승 메달을 목에 걸고 일등을 자축하는 뒤풀이가 끝난 후 하루 종일 쌓인 묵은때를 벗기러 샤워 부스에 들어간 순간, 눈물이 왈칵 쏟아져 내렸다. 나름 성장하고 있다고 생각했던 내 실력을 하나도 발휘하지 못한 날, 우리 팀이 우승을 한 것이다. 대회 당일 아침 일찍 모여 철저히 준비했던 워밍업부터, 언제 교체 투입될지 모르니 콜을 받으면 바로 튀어 나갈 수 있을 정도의 호흡을 유지하기 위해 우리 팀을 응원하다가도 경기장 밖에서 스프린트를 이어가던 시간이 있었기에, 팀의 우승에 내가 기여한 바가 없다는 사실에 속상함이 가장 컸던 것 같다. 이날의 감정은 꼬리에 꼬리를 물어 풋살에 대한 자신감 하락으로 이어졌다. '무조건 선발' 그룹은 아니지만 '교체 멤버 앞 순위' 정도는 된다고 생각했던 내 자만감이 결국 나를 바닥으로 끌어내렸다. 벤치 멤버가 된 건가 싶은 생각이 처음으로 들었던 순간이다. 그날 이후 모든 것이 바뀌었다. 아카데미 수업을 들어도 나 혼자 제자리걸음인 것 같고, 멤버들을 향한 긍정 에너지를 주기엔 나조차도 긍정적이지 못했던 시기. 야근을 피해 훈련에 참석하려 애쓰던 노력과 의지도 한풀 꺾인 상태로, '톡 치면 골'이 되던 나는 그렇게 풋살과 잠시 멀어져 갔다.

오늘도 잘했어! 좋았어! 나이스!

팀카카오도 뉴 시즌을 맞이했다. 새로운 멤버들의 합류! 특히 서비스 종료 상황에서 헤어지게 된 동료이자, 지금 회사에서 처음 사귄 동갑 친구 율리아와 함께 풋살을 하게 되면서 그 어느 때보다도 긍정적인 자극을 많이 받고 있다. 업무에서 멀어지니 연락할 일도, 점심을 같이 먹는 일도 줄어들 수밖에 없었는데, 이제는 같이 업무하던 때보다 공통 관심사가 많아지면서 사무실보단 풋살장에서 얼굴 보는 날들이 늘어나게 되었다. 내가 팀카카오에 합류한 지 몇 개월 안 된 때였다. 한창 개인 SNS에 풋린이 생활을 마구 올리던 때에 "젤다, 나도 팀카카오 들어가고 싶어! 신입은 언제 받는대? 잘하는 사람도 많아 보이고 나도 팀카카오 유니폼 입고 뛰고 싶은데……." 또, O-PTL 우승 사진을 자랑하던 때에는 "와 미쳤다 팀카카오! 젤다 신입 언제 충원한대? 주장한테 DM도 해봤는데 아직 계획이 없다고는 하더라……." 그리고 그 후에도 "젤다! 나 훈련받는 팀이랑 팀카카오랑 친선이라도 한번……." 그랬다. 누군가에게는 부럽고 가입하고 싶은 동호회일 텐데. 잠시 멀어져 볼까 했던 고민은 율리아 그리고 새로운 멤버들의 합류와 함께 자연스레 접어두게 되었다.

'한 해 동안 밝은 에너지와 넘치는 열정으로 멤버들에게 행복을 주는 보물이었던…….'

2023년 팀카카오 송년회에서 '푸바오상' 그리고 '엔젤 보이스상'을 수상했다. 개인적으로는 팀 우승보다 값진 상으로 기억에 남는다. O-PTL 이후 소규모 레슨이라는 것도 시작했는데, '무조건 선발' 그룹에 속하는 멤버들도 팀 훈련 외에 개인적으로 시간과 돈을 투자해 꾸준히 연습하고 있다는 사실을 새삼 깨닫게 된 것이다. 나는 그들만큼의 노력이나 하고 선발로 투입되길 바랐던 것인가 싶을 정도로 지금 생각하면 지난날의 눈물이 조금 부끄러울 정도다. 일자 패스부터 드리블, 슈팅 자세까지 기본기부터 다시 다지고 있던 즈음, 한 해를 되돌아보는 자리에서 내가 추구했던 가치―행복 축구―와 가장 부합하는 상을 받게 된 것이다. 풋살에 대한 열정이 잠시 식었던 때라 조금 뜨끔하기도 했지만, 2년 전 처음 팀카카오에 들어와 칭찬 릴레이를 이어가던 그때의 그 마음가짐을 되새기게 된 순간이었다.

아직까지도 미숙한 드리블과 부정확한 패스가 나오긴 하지만 적어도 나는 요즘 행복하다. 개인 실력에 대한 욕심이나 출전에 대한 갈망은 이젠 조금 내려놓았다고 해야 할까. 주 1~2회 마음을 같이하는 사람들이 모여 땀 흘리고, 서로를 응원하고, 후련한 마음으로 집에 돌아가는 그 시간들에서 서로 좋은 에너지를 주고받으면 그걸로 됐다, 라는 생각이다. 이게 진정한 '행축' 아닐까? 결혼식을 앞두고 2주 전까지도 팀 훈련, 5일 전까지도 개인 수업을 받을 정도로 다시 재미를 붙이게 되었다. 퇴근 후 풋살 수업 또는 친선 경기가 있는 날이면 운동 가방을 떡하니 회사 데스크에 올려둔다. 나 오늘 칼-퇴해야 하는 날임을 대놓고 알리는 전략적인 움직임이자, 누군가 퇴근 직전 내 자리에 업무 논의를 하러 온다면 "젤다 오늘 풋살 가는 날이구나. 내일 얘기하자."라는 말이 나오기를 바라는 마음으로. 난 오늘도 누군가에게 "잘했어! 좋았어! 나이스!"를 외치러 가야 하니까 말이다.

운동장으로 출근하겠습니다

출석률이 낮은 자,
지갑의 무게를 감당하라

샌디

"출석률 낮은 사람이 총무 해야지."

"그럼 샌디가 총무 해야겠네."

팀카카오에 합류하고 반년 정도 지났을 즈음이었다. 그저 놀고먹을 마음으로 참석했던 풋살 팀 MT에서 나는 차기 총무 후보로 거론되었다. 심지어 후보라기엔 선택지가 나 하나뿐이었기에 내가 차기 총무가 되는 일은 매우 유력해 보였다. 빈말 안 하기로 유명한 당시 총무 파인은 고개를 끄덕였고, 거절 못 하는 나는 그날부로 총무 업무를 인수인계를 받게 되었다. 이 모든 일은 나의 저조한 참석률에서 시작되었다.

풋살 팀에 처음 들어갔을 때, 나는 그저 축구를 좋아하는 마음과 좋아하는 운동을 직접 해보고 싶다는 가벼운 마음으로 임했다. 하지만 친구도 많고, 하고 싶은 것도 많은 나에게 정기적인 팀 훈련은 매우 지키기 어려운 약속이었다. 레슨비를 내고도 레슨에 안 나가는 날이 허다했고, 회식이나 단합 대회에서 얼굴을 비추는 일도 드물었다. 그러던 중, 가벼운 마음으로 참여했던 여름 MT에서 예상치 못한 일이 벌어진 것이다. 당시 총무를 맡고 있던 파인은 풋살과 총무 업무 병행으로 적잖은 스트레스를 호소했었다. 나와 달리 성실하고 책임감 있는 그에게 총무 업무는 불필요한 부담감만 줄 뿐이었다.

"총무 일 때문에 풋살이랑 오히려 멀어지는 기분이야."

그 한마디가 나를 크게 흔들었다. 풋살 훈련에 누구보다 진심이고 성실했던 파인에게 동호회 일은 그저 즐거울 것이라고 착각했던 나는 불쑥 미안한 맘이 들었다. 동시에 불성실하다 못해 동호회 일을 남 일처럼 생각한 내가 부끄러워졌다.

이런 나의 불편한 마음에 "총무는 출석률 낮은 사람이 하는 것"이라는 누군가의 농담 한마디가 불을 지폈다. 게다가 다들 나의 저조한 출석률이 못마땅했었던 터인지 웃으며 한마디씩 거들기 시작했다. 그러나 순간 내 마음은 책임을 감당해 보겠다는 용기보다는 당혹감과 불안으로 가득 찼다.

내 지갑도 관리하지 못하는 내가 40명이 넘는 팀의 재정을 감당할 수 있을지, 더군다나 참석률도 낮은 내가 팀 운영에 참여하는 것이 맞는지, 나는 스스로에게 재차 물었다. 내심 나는 이 모든 상황을 농담으로 넘길 수 있길 바랐지만, 이튿날 파인의 총무 인수인계 개인 톡을 받는 순간 이 모든 게 현실임을 자각했다. 그렇게 나는 그날부로 팀카카오의 총무가 되었다.

금고지기가 되어 얻은
금고 안의 진짜 보물

울며 겨자 먹기로 총무가 된 나는 동호회비를 걷기 위해 처음으로 동호회 명단을 들여다보게 되었다. 사실 이전까지는 (낮은 출석률로 인해) 다른 팀원들의 이름조차 잘 기억하지 못했다. 그러나 회비를 걷기 위해 불가피하게 한 명 한 명의 이름을 마주하고 나니, 팀원들이 달리 보이기 시작했다. 게다가 회비를 제때 내주는 팀원들에 대한 아주 작은 애정까지 피어오르기 시작했다. 이름을 불러주었을 때 의미를 가진다 했던가. 평소 구장에서 가볍게 인사만 나누던 팀원들의 이름을 알게 되니 각자의 성향과 개개인의 이야기가 궁금해졌다. 나는 총무라는 평계로 훈련 외의 상황에서도 그들과 개인적으로 연락할 계기가 생기면서 조금씩 가까워질 수 있었.

재미난 것은 총무가 되면서 콜 플레이를 적극 활용할 수 있게 됐다는 점이다. 누구보다 멤버들의 이름과 닉네임을 잘 알 수 있던 나는 경기 때 콜 플레이가 쉬워졌다.

새로운 멤버가 합류했을 때 그의 이름을 가장 먼저 외워 콜할 수 있는 1호 선수가 되었다. 물론 총무에게 기분 좋게 이름 부를 일만 있는 것은 아니다. 모름지기 총무란 반가운 소식보다는 고지서나 독촉장을 들이미는 역할이기에, 나는 우리 팀에서 사과를 가장 많이 받는 사람이 되었다.

"제가 결혼 준비로 정신이 없어요."
"최근에 야근하느라 신경을 못 썼어요."
"부상이 심해서 당분간 중단하기로 했어요."
"육아 때문에 당분간 쉬어야 할 것 같아요."
"…… 죄송해요."
'……'

미안함과 민망함이 가득한 그들의 행간에 나는 애써 괜찮은 척했지만, 사실 그럴 때마다 내가 '환영받지 못하는 월요일 아침 알람 시계'가 된 것 같아, 내심 마음이 불편했다. 특히, 나의 연락을 반기지 않거나 아예 확인하지 않는 이들에겐 더욱이. 그렇지만 나의 독촉장에 대한 답장으로 팀원들의 소소한 사정들을 알게 되었을 때, 나는 이 일이 팀원들과 멀어지기만 하는 일이 아님을 깨달았다.

"결혼 준비 잘하고 있어요?"

"지난번 부상은 어때요?"

이런 몇 마디는 운동장에서의 나와 그의 거리를 조금 좁혀주었다. 독촉이라는 부담스럽고 껄끄러운 일을 통해 나는 팀원 개개인과 더 많이 소통할 수 있는 기회가 생겼다. 총무는 '돈 이야기를 하는 불편한 사람'이 아닌 '이야기를 들어주는 사람'이라고 생각을 바꾸니, 험상궂은 채권자였던 총무의 이미지가, 상냥한 요구르트 아주머니 정도로 탈바꿈했다(돈은 받아야 하므로, 요구르트 아주머니 정도로 타협한다). 이렇게 얻은 소통의 기회로 나는 성격도 다양하고 배경도 다른 팀원들에 대해 이해하게 되었고 자연스레 팀에 대한 이해도 깊어졌다. 이렇게 나와 팀카카오의 거리감도 좁혀지기 시작했다.

'금고지기'라는 역할은 단순히 돈을 관리하는 일을 넘어서는 것이었다. 팀의 재정을 책임지는 일은 알고 보니 팀원들의 작은 사정을 살피는 일이었다. 팀원이 어떤 사유로 지금 동호회 활동을 중단했는지, 어떤 이유로 동호회비를 깜빡할 만큼의 개인사가 복잡한지까지 알 수 있었다. 나는 팀카카오 금고 안의 진짜 보물은 금전이 아닌 팀원들 사이의 연결 고리임을 알게 되었다. 총무가 되어 내가 인계받은 것은 그저 통장이 아닌 팀카카오의 마음

꾸러미(?) 같은 것이었다.

누가 축구는 돈 안 드는 운동이래?

총무가 된 후 내가 직면한 가장 큰 숙제는 바로 '회비 운영'이었다. 축구나 풋살은 일반적으로 다른 스포츠에 비해 돈이 덜 든다는 인식이 많다. 오죽하면 가난한 스포츠라는 수식어가 붙을 정도. 공 하나면 충분할 것 같은 운동이지만, 실상 한 경기를 운영하기 위해서는 구장비를 비롯해 간식비, 주차비, 회식비 등 다양한 부대 비용이 발생한다. 가끔 대회라도 참가하려면 참가비도 지출해야 했다. 게다가 축구의 핵심은 팀워크 아닌가. 여기에 팀워크 향상을 위한 각종 행사 운영비까지 더해지면, 팀원들로부터 모은 회비로 모든 비용을 충당하기 어려운 때가 많았다.

그중에서도 가장 골머리를 썩이는 것은 바로 구장비였다. 풋살이라는 특성상, 활용할 수 있는 시설이 제한적이었고, 최근 늘어난 풋살에 대한 관심에 비해 국내 풋살 구장의 공급은 턱없이 부족했다. 지역별로 구장의 공급과 수요가 천차만별이지만, 우리 팀이 주로 활동하는 판교/성남 지역은 서울에 비해 상대적으로 구장 수가 적어 비용이 비싸고, 예약도 쉽지 않았다. 그나마 공공 풋살장의 경우는 저렴한 편에 속하지만, 그만큼 예약이 어려워 데이식스 콘서트 예매 최정예 멤버들이 상시 대기해야 예약이 가능했다. 사설 풋살장의 경우는 최근 급격히 늘어난 지역 풋살 동호인들의 영향으로 (수요와 공급의 법칙에 의해) 주기적으로 이용하기에는 가격이 부담스러웠다.

우리는 갖가지 비용을 감당하기 위해 결국 2년 새 2번의 동호회비 인상을 단행했다. 풋살은 어디까지나 취미이기에, 회비를 인상하는 것은 매우 어렵고 조심스러운 일이었다. 특히 여성 풋살 팀의 경우, 축구라는 스포츠 자체를 처음 접하는 팀원이 많아 별도의 레슨까지 수강해야 하는 경우가 있어, 만만치 않은 초기 비용이 발생했다.

그럼에도 불구하고 우리는 공동의 비용으로 가능한 많은 것을 부담하고자 회비를 올리기로 결정했다. 반대가 심할거라는 우려가 무색하게, 다행히 회비 인상 문제를 가볍게 받아들이고 동의해 준 팀원들 덕분에, 나는 비용 운영에 대한 부담을 덜 수 있었다. 그러나 회비에 대한 부담감 때문인지 활동이 뜸한 일부 팀원들은 회비 납기일에 나의 독촉장을 받고는 팀의 탈퇴를 고하기도 했다(직접적인 탈퇴의 원인은 아니었겠지만, 총무로서는 굉장히 마음이 찜찜한 순간들이었다).

여전히 나는 팀원들과 함께 금전적인 부담 없이 풋살을 즐길 수 있는 방안을 머리를 맞대어 고민하고 있다. 그렇지만 가장 비싸고 구하기 어려운 것은 좋은 잔디 구장도, 질 좋은 캥거루 가죽 풋살화도 아닌, 함께 뛰어줄 팀원들이다. 누가 뭐래도 풋살은 팀 플레이니까.

비포 & 애프터 총무

돌이켜 보면 총무 이전의 나는 팀카카오의 선수라기보단 유령 팀원에 가까웠다. 주로 헬스장에 서식한다는 기부 천사 같은 것 말이다. 그러나 최근에는 운영진 정신교육 프로그램이 따로 있냐는 이야기가 나올 정도로 팀 활동에 앞장서고 있다(아마 파인은 감투가 나를 움직이게 한다는 것을 이미 알고 있었는지도 모른다).

나는 팀카카오에 들어오고 나서 1년 가까이를 팀의 가장자리에 있었다. 팀원들과 친분을 쌓는 일에도, 팀의 문제를 해결하는 일에도 먼저 나서지 않았다. 그러나 그의 손에 이끌려 총무가 된 후 나는 한 발짝씩 팀의 중앙으로 발을 내딛게 되었다. 단순히 취미로만 풋살을 즐기려던 나의 계획은 무산된 것이다.

처음 총무를 맡았을 때까지만 해도 총무의 일은 '단순히 회비를 걷는 일'이라고 생각했다. 그러나 실제로 총무가 되고 나니, 회비를 걷는 일 이외에도 결정해야 할 일들이 많았다. 돈과 관련해 외부와 불편한 의사소통을 해야 했고, 동호회비를 어떻게 효율적으로 써야 하는지 계획해야 했다. 여타 동호회들이 그러하듯, 없는 돈으로 풍족하게 쓰길 바라는 동호회 운영은 오병이어의 기적 없이는 매우 어렵다.

이러한 일련의 고민들이 늘 즐겁거나 유쾌하지만은 않았다. 그러나 그러한 순간들이 쌓여 나는 자연스레 팀에 주인의식과 책임감을 갖게 되었다. 그리고 이제 나에게 회비 운영 외에도 팀의 성과에 대해 고민하고 이를 나누는 일은 일상이 되어버렸다. 예를 들어 아침 아홉 시마다 운영진들과 부산 떨며 구장을 예약하는 일이 하루 루틴이 된 것처럼.

팀카카오의 운영진으로 활동한 지 1년이 지난 지금, 나는 40명이 넘는 인원이 하나의 팀으로 운동장에서 뛰기까지 얼마나 많은 보이지 않는 수고가 있는지 뼈저리게 느꼈다. 훈련 준비 과정이나 운영상의 세세한 부분들을 알게 되니 훈련에 참석하지 않는 것은 다른 팀원들을 기만하는 일 같았다. 그렇게 나는 저조한 출석률과는 점차 멀어졌다. 덩달아 풋살에 대한 열정도 조금씩 피어났다. 일종의 '책임감'이 동기 부여가 되어 풋살 자체에 대한 애정이 커지게 된 것이다(여기까지가 파인의 큰 그림이었다면, 파인은 정말 크게 성공했다).

팀카카오 '금고지기'라는 자리는 여전히 나에게 무겁고 어렵다. 결정해야 하는 순간마다 답 없는 숱한 고민을 하고, 돈이 오고 가는 상황에서 불편한 말을 하는 일이 쉽게 익숙해지지는 않는다. 다만 지금은 팀을 함께 만들어 가는 구성원이라는 생각에 그 무거움이 든든하고, 때로는 따뜻하다. 누군가에게는 필드에서의 포지션이 동기 부여가 되었겠지만, 난 팀카카오에서의 포지션이 원동력이 되어 필드의 자리를 채우고 있다.

운동장으로 출근하겠습니다

이럴 거면 우리가 돈 모아서 이 풋살장 사자

지젤

퇴사 방지템, '풋살' 그리고 '팀카카오'

 워라밸이 보장되던 이전 회사를 떠나 이직을 하면서 삶이 조금은 힘들어질 거란 걸 알고 있었다. 하지만 예상보다 빠른 입사 3개월 만에 삶의 균형이 무너졌고 인생의 무력감까지 몰려왔다. 그때 우연히 만난 '풋살'과 '팀카카오'는 내 인생의 새로운 터닝 포인트가 되어주었다. 팀원들과 훈련을 하고, 매치를 하고, 리그 출전 등을 하며 팀 스포츠에서 느낄 수 있는 감정들을 다수의 사람들과 동시에 느끼고 나눌 수 있다는 게 얼마나 감사한 일인지, '퇴사 안 하길 정말 잘했다.' 싶을 만큼 팀카카오에 푹 빠져버렸다. 처음에는 책상 앞에 앉아만 있기는 아쉬워 몸이라도 움직여야겠다 싶어 시작했던 풋살이었다. 그런데 결국 그게 그해, 아니 내 인생에서 잘한 선택 TOP 3 안에 들게 될 줄 몰랐다. 그렇게 벌써 3년이 지난 지금까지 나는 이 회사와 팀카카오에 남아 있고 나아가 풋살을 통해 내 인생을 조금 더 디벨롭시켰다. 현재 회사에서 나는 사업 기획을 맡고 있는데, 이게 직업병일지 몰라도 내 모든 생각들이 기승전 '사업'으로 이어지곤 한다. 취미로 시작했던 풋살에서도 그 관성은 여전했다.

Item 1. 여자 풋살화 전문점

풋살을 시작할 때 제일 먼저 필요한 건 역시 풋살화다. 그런데 '여자 풋살화'를 검색해 보니 나오는 건 키즈, 유소년 풋살화가 대부분이었다. "이게 아닌데?" 하고 다시 '성인 여자 풋살화'로 검색했지만 원하는 결과를 찾기 쉽지 않았다. 한참의 검색 끝에 드디어 마음에 드는 풋살화를 발견했지만 깔창을 아무리 깔아도 소화할 수 없는 270 사이즈밖에 없었다. 겨우 내 발 사이즈에 맞는 240짜리 풋살화를 찾아 구매 버튼을 눌렀을 때엔 신발값만큼 해외 배송비가 붙어 가격이 만만치 않았다. 주변에 풋살 선배도 없는 입문자에게는 '풋살화 구매하기'부터가 쉽지 않은 첫 관문이었던 것이다. 이때 나의 사업성이 번뜩였다. 여자 풋살화만 모아둔 숍이 있으면 얼마나 좋을

까 싶었다. 해외 직수입으로 작은 사이즈 풋살화만 들여
온다면 잘 팔리지 않을까? 하는 생각도 들었다. 매사 돈
이 되는 무언가에 흥미를 얻는 사람이다 보니 풋살을 시
작하는 순간부터 사업 아이템처럼 보이는 것들을 계속
떠올리게 되었다. 그렇다. 나는 첫 풋살화를 고르면서도
사업 구상을 했던 것이다.

Item 2. 여자 풋살 커뮤니티 앱

한두 달 먼저 시작한 팀원에게 풋살 시작 축하 겸 논슬
립 양말을 선물 받았다. 지금은 옷장 속 넘쳐나는 풋살
양말들인데도 그땐 논슬립 양말이라는 존재 자체가 신
세계였다. 그 뒤로 논슬립 양말만 보면 홀린 듯이 사들였
는데 금방 해져서 미끄럼 방지 기능을 제대로 못 한다거
나, 혹은 여자가 신기에는 너무 길어서 양말이 허벅지까
지 올라오는 등 구매 실패를 자주 경험했다. 그때 떠올린
아이디어가 바로 '여성 풋살 커뮤니티 앱'이었다.

"이 업체 논슬립 양말이 좋더라.", "이 풋살화는 발이 작게 나왔더라." 같은 시행착오를 먼저 겪었던 선배(?)들의 리얼한 후기부터, 더 나아가서는 코치 구인과 용병 모집까지 풋살에 대한 모든 정보를 얻을 수 있는 커뮤니티 앱이 있으면 좋겠다 싶었다. 그렇게 풋살하는 여자들이 한곳에 모여 소통할 수 있는 종합 커뮤니티 서비스를 기대해 봤다(보통은 카페를 통해 알음알음 알아보는 것 같다). 팀카카오 멤버 중 개발자이신 분이 "사이드잡으로 앱 만들고 있다."라고 한 얘기를 듣고 기획만 제대로 하고 개발자까지 구하면 내가 원하는 앱도 만들 수 있겠구나! 싶었다. 이미 상상 속 앱에 Item 1에서 소개한 풋살화 전문점 광고 링크도 게재할 생각까지 했다. 아마 내가 저 때 시작했으면 지금의 플랩처럼 될 수 있었으려나 싶다.

Item 3. 풋살장

"이럴 거면 우리가 돈 모아서 이 풋살장 사자."

원하는 시간대의 풋살장 대여하기가 어려웠을 때 우리끼리 우스갯소리로 했던 얘기다(사실 나는 진심이었다). 풋살을 시작하고 기본기 배울 때는 나 혼자 연습할 수 있는 공간이 있으면 좋겠다 싶었고 구장 컨디션은 좋지 않지만 무료라는 이유로 매월 어렵게 지자체 풋살장 티케팅을 하는 걸 보며, 팀카카오가 마음 놓고 쓸 수 있는 공간이 있었으면 좋겠다 싶었다. 특히 비 오고 눈 올 때는 실내 풋살장이 간절히 필요했다.

그래서 가장 진지하게 사업을 고민한 게 '풋살장'이었다. 오전에는 내 개인 연습을 하고, 매주 저녁 정기적으로 팀카카오 훈련하고, 그 외 시간에는 공간 대여해 주면 완전 가동률 높게 운영할 수 있겠는데? 하며 희망 회로를 돌렸다. 풋살장 설치비, 고정비, 변동비, 객단가, 수익률, 타깃, 위치, 법적 이슈 등등 검토해 봤다. 부동산 매물도 찾아보고, 실제 사업자 인터뷰도 해가며 '풋살장 사업'에 한 발짝 정도 다가갔다. 다양한 형태의 풋살장을 다녀보며 개인적으론 주차 공간 넓은 창고형 풋살장을 가장 선호했었는데, 부지를 체육 시설로 용도변경 해야 하고 그러면 땅 주인들이 비선호한다 등의 디테일한 이야기들을 들으며 접근성 좋은 지하 실내 구장으로 좁혀 가고 있었다. 하지만 수익성 측면에서 '아카데미 운영 필수'라는 사실에 살짝 멈칫했다. 나는 공간 대여가 하고 싶지 사람 관리까지는 하고 싶은 생각은 없었고 그럴 여유도 없었다. 아직 현생이 판교에 갇혀 있는 직장인이기 때문에 우선은 홀딩된 상태이다. 하지만 언제든 시작할 수 있게 내 Notion에 "풋살장 가보자고"라는 의지 가득한 제목의 글로 남겨져 있다.

Item 4. 풋살장 자판기

한여름에 경기 15분 뛰고 잔디에 뒀던 음료수 마셔봤으려나. 최악이다. 집에서 얼음물 챙겨 오는 걸 자주 까먹기도 하고 편의점에 들러서 음료수를 사 오는 것도 상당히 번거롭다. 미지근한 음료수를 마시며 든 생각은 풋살장에 자판기 하나 있으면 좋겠다, 라는 생각이었다. 나만 까먹고 안 챙겨 오는 거 아니잖아? 다들 시원한 음료수를 먹고 싶어 할 거잖아? 그래서 바로 '자판기 사업' 검색. 그렇게 미지근한 음료수를 마신 지 일주일 만에 난 자판기 사업을 시작하게 되었다.

  우선 위치는 매주 훈련하러 가는 판교 근처 풋살장. 근처 편의점은 도보로 이동하기에 애매한 거리에 있었다. 딱이었다. 풋살장 유저는 열 살 미만 아이들부터 성인들까지 다양했고 월 유저 수도 많은 편이었다. 바로 풋살장 대표님께 미팅을 요청드렸고 기획서 한 장 만들어 갔다. "풋살장의 편의 시설 부족을 보완하여 유저들의 사용성을 높여 주고 수익 쉐어를 통해 부가 수익을 얻어가실 수 있다." 그리고 "아이들 타깃의 음료로 구성하겠다."는 말들로 협상을 시도했고 아주 만족스러운 결과를 얻어냈다. 사업 기획하는 사람으로서 깔끔한 처음과 끝을 위해 계약서까지 만들어서 사인까지 완료! 자판기를 설치하고 나서 한동안 팀카카오 사람들이 음료수 뽑을 때마다 인증 사진을 찍어 보내곤 했었다. 성원에 힘입어 우리 팀 사람들이 운동 끝나고 가장 많이 마시는 음료를 자판기에 넣어보려고 조사를 해봤다. 그건 바로 '무알콜 맥주'. 법령까지 찾아가며 진심을 다해 준비해 봤지만 아이들이 많은 풋살장이라 결국 드롭됐다. 여전히 아쉽다. 매출 기여도 1위였을 텐데. 이제 두 번째 자판기는 어디에 놓으면 좋을지 새로운 풋살장을 갈 때마다 눈여겨보고 있는 중이다.

Item 5. 축구 심판

뜬금없게도 '올해는 자격증 하나 취득하고 싶다.'라는 생각을 했다. 어떤 자격증이 좋을까. 우선, 수익이 창출될 것. 그리고 내가 좋아하는 분야일 것. 고민을 좁혀가다 보니 자격증, 수익, 관심사 삼박자에 딱 맞는 건 '축구 심판'이었다. 풋살이랑 축구는 뛰는 인원도 다르고 룰도 다르다. 11:11 축구는 실제로 해본 적이 없어서 어떤 점이 풋살이랑 다를까 하고 항상 궁금증만 가지고 있었다. 이번 기회에 풋살이 아닌 축구 룰도 제대로 익히면 좋겠다, 라는 생각에 바로 '심판 자격증 코스' 신청!

사실 신청하기 전에 공증된 자격을 받고 '일'을 하는 거니까 페이는 어떨지 먼저 검색해 봤다. 처음 알게 된 사실이지만 심판을 본업으로 삼는 사람은 드물다고 한다. 그 말인즉슨 고정적이지 않고 페이가 높지 않다는 것. 그래도 희망하는 일자에 출전할 수 있고 나이 제한도 거의 없어서 부업으로 삼는 사람들이 많다고 했다. 은퇴하고 할 수 있는 일이 하나 생긴다는 것에 의의를 두었다.

축구 심판 자격증 코스는 1년에 2번 정도 각 지역에서 진행되며, 이론 강의/필기 시험/체력 테스트/실전 훈련을 총 4일간 진행한다. 관건은 체력 테스트로 스프린트와 인터벌 테스트가 있고 그중 탈락자가 가장 많이 발생하는 게 스프린트 테스트이다. 40m를 7.2초 안에, 6회를 연속으로 뛰어야 한다. 팀카카오에서 가장 느린(?) 축에 속해 있다 보니 심히 걱정이 돼서 테스트 전날까지도 트랙에서 엄청 연습을 했다. 연습한 덕분인지 의외로 수월하게 붙었고 그렇게 나는 대한 축구 협회 5급 축구 심판이 되었다.

테스트 당일엔 백 명 가까운 사람이 모였었고 여성 심판은 열세 명 정도였다. 엄청 적구나 싶었는데, 역대 가장 많은 여성 지원자라고 들은 거 같다. 아직 이쪽 세계엔 여성이 현저히 적다는 걸 여실히 느낄 수 있었다. 풋살을 시작하고 여자가 풋살을 한다는 것에 신기해하는 사람들을 접한 지도 3년 차쯤 되니 익숙해졌는데, 아니나 다를까 심판을 시작하면서 또다시 겪고 있다. 하하하.

현재 간헐적으로 출전해서 심판 활동을 하고 있는데 유소년, 여고생, 2~30대 남성, 50대 남성 등이 선수인 경기였다 보니 내가 항상 겪어오던 성인 여성들의 경기와 차이가 커서 여러모로 새로웠다. 그리고 생각보다 힘들다. 하루 온종일 할애해야 하고 감정 소비도 심한 직업이다. 멘탈 강화 훈련이 필요하다면 심판을 해보라고 권하고 싶다. 멘탈이 레벨+1 되는 것을 느낄 수 있다.

현재 진행형, '풋살' 그리고 '나'

풋살은 나에겐 단순한 운동을 넘어서 그 이상이다. 새로운 도전의 장이자, 나를 성장시키는 원동력이다. 처음엔 '퇴사 방지템'으로 시작했던 것이 이제는 내 삶에서 뗄 수 없는 것이 되었다. 풋살화를 고르는 순간부터 사업 아이템을 발견하고, 작지만 자판기 사업이란 것도 시작해 보고, 심판이라는 새로운 영역까지 도전하게 만들었다.

지금 와서 생각해 보면, 이 모든 아이디어와 도전이 가능했던 건 내가 팀카카오에 속해 있기 때문이었다. 새로운 시도를 할 때마다 응원해 주고, 자판기에서 음료수 한 캔을 뽑더라도 인증샷을 보내주는 이들이 있어 혼자가 아니란 걸 늘 느낄 수 있었다.

앞으로도 이 여정이 어떤 새로운 기회로 이어질지 기대된다. 풋살을 열심히 하고 즐기기도 바쁘지만 그 안에서 파생시킬 수 있는 가치를 찾는 게 나는 즐겁다. 내가 좋아하는 것들의 결합은 언제나 옳다. 그게 수익으로 이어진다면 더더욱이.

운동장으로 출근하겠습니다

부상 끝,
새로운 출발선으로

엘라

정형외과 단골, 힘 축구를 그만둔 사연

"또 축구하다가 다쳤어?"

나의 부상에는 '또'라는 말이 자연스럽게 붙는 것 같다. 일 년에 깁스를 세 번씩은 하고, 이제는 '이 정도 부었으면 단순 염좌니까 2주는 쉬어야겠군.' 하면서 야매로 진단을 내리기도 한다. 몸 관리도 실력의 일부라던데 그런 면에서는 나는 우리 팀 최악의 멤버로 뽑힐지도 모른다. 수술 및 재활에만 축구화 백 켤레 값을 썼고, 쿨타임이 있는 것도 아닌데 두세 달에 한 번꼴로 누군가의 발에 차여서, 나 혼자 발을 접질려서, 공 대신 땅을 차서와 같은 이유로 운동장 밖으로 나와야만 했다.

그런데 나 같은 사람들을 축구판에서 흔히 목격하게 된다. 우리는 의료인들로부터, 가족들로부터, 친구들로부터, 또 자기 자신으로부터, 여러 주변인들 만류에도 불구하고 계속해서 필드로 나온다. 아니, 이건 어쩌면 '축구함' 상태를 조종당하고 있는 건지도 모른다. 각자 다른 사연으로 부상을 당한 이들은 잠깐 축구를 쉬었다가 회복

할 기미가 보이면 하나둘씩 캐시템(잠스트의 무릎 보호대, 발목 보호대, 스포츠 테이핑 등)을 장착하고서 경기장에 스멀스멀 기어 나온다. 그런 모습을 보고 있자 하니, 비축구인들이 던지곤 하는 질문이 떠오른다. "왜 그렇게까지 하는 거야?" 그 질문에 대한 답은 하나다. "나도 몰라."

나는 속된 말로 '힘 축구'를 하는 사람이었다. 몸으로 하는 활동에서 활약을 하기 위해서는 힘만 한 게 없었다. 아니, 애초에 가진 게 힘밖에 없었다. 작지 않은 키와 눈에 띄는 두툼한 등빨로 인해 팀에서도 피지컬은 손에 꼽을 정도로 좋았다. 이러한 피지컬이 도움이 될 때도 있었지만, 나는 안타깝게도 축구 지능은 갖추지 못했다. 무식하게 달려드는 축구 지능이 현저히 낮은 덩치 큰 친구, 동의어로는 드리블 고수들의 간식이자 애피타이저, 그게 나였다. 공격을 할 때에는 무릎의 스윙을 이용할 줄 몰라 단순히 발목 힘으로만 공을 찼고, 뛸 때에는 허벅지 근육이나 발목 힘을 쓸 줄을 몰라서 무릎 힘으로만 달리기를 해댔다. 그런 내게 부상은 필연이자 시간문제였다. 발목, 발가락, 무릎, 오금근까지. 존재하는지도 몰랐던 뼈와 인대가 다쳤다고 했다. 병원에서 만나는 의사 선생님이나 회사에서 만나는 동료들은 "축구 안 하는 게 어떻냐."고

했지만 내게 단순 부상과 같은 신체적인 이슈는 축구를 그만둘 이유가 될 수 없었다. 잠깐 쉬고 나면 신이 내린(?) 미친 회복력으로 돌아올 수 있었으니까.

그러나 무식한 '힘 축구'의 시대는 오래 가지 못했다. 한창 팀 운동과 개인 레슨을 병행하며 축구 주가를 높이고 있던 때였다. 나는 팀에서 구력이 높은 편에 속했기 때문에 주전으로 활약을 했었고 나의 축구 실력에 근거 없는 자만심마저 차오른 상태였다. 그러나 그날의 경기는 어쩐지 예상과는 다른 양상으로 흘러갔다.

2022년 11월의 마지막 주 일요일. 우리 팀은 그날따라 유독 경기가 안 풀려 계속해서 점수를 내주고 있었다. 패스는 자꾸만 잘렸고, 공격 라인이 조금이라도 올라간다 치면 금세 공수 전환이 되어 수비에만 급급한 상태가 됐다. 심지어 나는 상대에게 깊은 태클을 당해 벤치로 밀려나게 되었고 분위기가 점점 다운되어 간다 느꼈다. 상대적으로 구력이 있는 내가 더 애써야 한다, 한 골이라도 만회해 조금이라도 분위기를 올려야 한다는 괜한 책임감에 사로잡혀 있었다. 그래서 무릎에 보호대를 차고서 불편한 다리를 끌고 필드에 다시 올랐다. 그러나 통쾌한 역전극은 없었다. 마지막 경기 종료 휘슬이 울리기 3

분 전, 최종 수비를 맡고 있던 내 눈에 상대편 공격수가 오른쪽으로 빠르게 치고 올라오는 게 보였다. 그를 막기 위해 몸을 돌리려던 찰나에 무릎에서 뿌드득, 소리가 나면서 몸이 그대로 기울었다. 이게 내 몸에서 나는 소리가 맞는 걸까? 뭔가 잘못됐다는 생각을 끝마치지 못하고 미친 듯한 통증이 찾아왔다. 아무리 숨을 고르려고 해봐도 무릎이 너무 아파서 눈물이 쏟아졌고 그런 내 반응에 팀원들이 뭔가 심상치 않음을 감지했는지 멀리서 달려오는 모습이 보였다. 곧이어 119에 전화를 걸어 출동 요청을 하는 목소리도 들려왔다. 모든 게 영화 속 한 장면처럼 느껴졌다. 그러나 고통은 생생한 현실이었다.

십자인대 파열, 천만 원짜리 교훈

정확한 진단은 우측 전방십자인대의 완전 파열, 그리고 연골판 파열 의심. MRI를 찍고 주사기로 무릎에 가득 찬 피를 빼고, 수술할 병원을 고르기 위해 상담을 다녔다. 무릎 수술 및 재활의 정보를 공유하는 카페에 가입 인사를 남기는 날을 내가 상상이나 할 수 있었을까?

재건술은 보통 자가건(자신의 햄스트링 등의 근육을 일부 떼어내 끊어진 십자인대에 붙이는 것) 혹은 타가건(타인이 기부한 아킬레스건 등의 근육을 끊어진 십자인대에 붙이는 것) 중 의사 선생님의 집도 방식에 따라 선택하게 된다. 나의 경우 자가건과 타가건을 한 번에 하는 두 줄짜리 재건 방식을 택했다. 수술 전후로 MRI 촬영과 입원 비용, 재료비 등을 포함한 수술비까지 하면 약 오백만 원 정도 들 거라고 했다. 찢어진 인대만큼이나 찢어진 지갑의 아픔도 상당했다.

수술 날도 비교적 생생하게 기억난다. 당시 소설 PD 일을 맡고 있어, 실시간 연재가 진행되던 터라 연재 날 원고가 넘어오면 바로 편집을 마치고 제작과 등록을 진행해야 했다. 다행히 원고가 오전에 넘어와서 바삐 편집을 하고 있는데, 갑자기 수술 시간이 변경돼 지금 당장 수술실로 가야 한다고 했다. 급히 작가님께 연락해 "저 수술 좀 하고 오겠습니다!"라고 말한 뒤 수술실로 이송되었다.

수술대 위는 춥고 삭막했다. 몸을 동그랗게 말아 척추마취를 하고 마취가 잘 되었는지 확인하기 위해 다리를 이리저리 비틀고 꼬집어 감각이 들지 않는 것을 확인하자 나의 시야를 가리고 손을 묶었다. 이내 드릴 같은 것이 두두두두 소리를 내며 무릎뼈에 구멍을 내는 듯 하체에 강한 진동이 느껴졌고, 망치 같은 걸로 탕탕 두들기는 소리가 났다(착각일 수 있다). 마취가 잘 된 탓인지 생각보다 수술도 별거 없네, 라고 생각하고 웃으면서 병상으로 돌아와 작가님께 상황 설명을 드리고 무사히 연재도 마쳤다. 그리고 곧 '진짜' 고통이 찾아왔다. 마취가 깬 것이다. 무통 주사를 아무리 눌러도 통증이 가시지 않았다. 그건 마치 무릎에 매복 사랑니 네 개가 났는데 마취 없이 뽑는 듯한 느낌, 혹은 무릎으로 아이를 낳는 느낌과 비슷했다. 움직일 때마다 고통이 급습했다. 잠이 오지 않아서 새벽 내내 뜬 눈으로 네덜란드와 아르헨티나의 월드컵 8강전을 봤다. 다행이었다. 내가 여전히 축구를 사랑한다는 것이……. 경기를 보며 충전한 아드레날린은 통증을 어느 정도 경감시켜 주었다. 그러나 사흘간 씻지도 못하고, 화장실에 갈 때는 간병인의 도움이 필요했으며, CPM(관절 운동 보조 기구)을 이용해 무릎의 각도를 내는 연습을 계속해야 했다. 그제야 깨달았다. 이걸 어떻게 앞으로 계속하지? 처음으로 두려움이 들었다. 이거 축구가 문제가 아닌데?

경기 끝, 새로운 경기 시작

 십자인대 파열은 단순히 축구를 못 하게 된 것뿐 아니라 인생의 전환점이 되었다. 2주간 병가를 내고 집에서 요양을 해야만 했고, 밖에서 밥이라도 먹을라 치면 계단이 없는 식당을 찾아야 했다. 그러나 당시의 나를 더욱 좌절에 빠뜨린 것은 신체적인 아픔보다 '할 수 없음' 상태로부터 오는 무기력함이었다. 언젠가 낫겠지, 하는 기약 없는 기대와 초조함, 다른 팀원들이 신나게 운동을 하는 것을 보며 '그때 무리하지 말걸.' 하는 늦은 후회, 물렁물렁해진 허벅지 근육을 바라볼 때 마주하는 좌절감 같은 것은 처음 겪어보는 종류의 감정이었다.

 그러나 나는 정말 축구를 사랑했던 것인지 그 상태로도 운동장에 나가는 것을 택했다. 보조기(무릎이 일정 각도 이상 구부러지지 않도록 각도를 보조해 주는 기구)의 각도를 90도로 걸어놓고 목발을 짚고서 꾸역꾸역 운동장에 얼굴을 비췄다. 그즈음에는 대부분의 약속이 축구인들과의 만남이었기에 내가 참석할 수 없었던 경기 내용을 복기할 때면 부러움과 조바심이 났고, 나를 진심으로 위로해 주는 팀원들에게 고마운 한편 '내가 쉬는 사이에 나만 뒤처지면 어떡하지?' 하는 미련한 질투 같은 것도 차오르곤 했다. '축구 싫어!', '축구하는 사람들 만나는 거 싫어!' 일기에 써놓고서 매일매일 운동장에 나가는 모순의 연속. 그러니 기분은 매일 오락가락했고, 훈련장에 나와서 사람들과 활짝 웃다가도 삼겹살집에서는 죽상을 하고 앉아 있었다. 내 못난 마음에도 팀원들은 꾸준히 나의 건강과 기분을 살펴주었다. "다리는 요즘 어때?", "얼른 다 나아서 같이 뛰자!" 하는 말들이 고장난 내 마음을 돌봤다. 그래서 나는 '이놈의 축구'를 그만둘 수가 없었다. 얼른 나아서 같이 뛰고 싶었기 때문에. 나의 건강과 행복을 진심으로 기원하는 사람들과 함께.

  그래서 공을 찰 수는 없었지만 출석은 더욱 집착스레 했다. 생각보다 눈으로 보는 축구 훈련에서 배우는 게 꽤 많아졌다. 그렇게 몸으로 하는 축구가 아니라 머리로 하는 축구가 시작됐다. 운동장 한편에 마련된 벤치에 앉아 우리 팀원들이 뛰는 모습을 지켜봤다. 팀 매치 영상이 올라와도 사실 내 활약상 위주로 영상을 시청해 왔고 골이라도 넣었다 치면 그 구간만 반복해서 보곤 했기에 사실 다른 팀원들이 어떻게 뛰는지, 어떤 성향인지도 사실은 잘 몰랐다. 단순히 이날은 누가 나에게 어시스트를 해줬구나, 누가 몇 골을 넣었구나 하는 골과 직결된 정보만 기억할 뿐이었다. 팀원들이 인사이드 패스를 주고받는 모습을 보며, A는 오른발잡이인데도 왼발 힘이 좋구나 알게 되었고, 2:1 돌파 훈련을 할 때에는 B는 버티는 힘이 좋으니까 피보(최전방 공격수)로 뛰어도 좋겠다, 와 같이 팀원들의 피지컬과 성향에 대해 좀 더 파악할 수 있었다. 특히 친선 경기를 할 때에는 우리 팀의 문제점과 장점들이 더욱 눈에 띄었다. 내가 직접 경기를 뛸 때에는 긴장감과 도파민 때문에 보이지 않았던 부분들이 바깥에서는 더 잘 보였다. 픽소(최후방 수비수)가 이때에는 치고 나가야 가운데 공간이 열리고 아라(사이드에서 공격과 수비를 모두 맡는 포지션)와 포지션 체인지를 하면 되겠구나, 하는 변칙적인 움직임의 타이밍을 읽을 수 있었고, 골레이로의 잘 던진 공 하나가 열 패스 부럽지 않을 때가 있다는 것도 알 수 있었다. 내가 다치지 않았으면 알 수 없었을 감사한 배움의 순간들이었다.

중요한 건 꺾이지 않는 인대가 아니라 마음!

　수술한 지 177일 만에 모두의 환대를 받으며 다시 운동장으로 돌아왔다. 그날은 장대비가 쏟아졌고, 허접한 패스가 난무했지만 팀원들은 상상 이상으로 나의 복귀를 반겨줬다. 케이크에 초를 켜주었고 다정한 장문의 편지를 건네줬다. 다시 필드에 올랐을 때 가장 벅찼던 순간은 폭신한 잔디를 밟았던 때가 아니라 응원해 주는 동료들의 목소리가 다시 내 귀를 울렸을 때였다. 사실, 우리를 운동장 위로 다시 서게 하는 것은 강한 다리가 아니라 그곳에서 뛰고 싶어 하는 강력한 의지일 것이다. 운동장에서 울리는 동료의 "헤이!" 하는 목소리와 눈을 마주치면 발밑에 도착하는 패스, 그리고 골망을 가르는 골 뒤에 이어지는 같은 옥타브의 포효 같은 것들은 여전히 그 자리에서 나를 기다리고 있었다.

 부상은 내게 많은 것을 가져다주었다. 나는 다행히도 다친 부위가 넓지 않아 경과가 좋았고, 안식 휴가를 내고 재활에 전념할 수 있었으며, 마음이 병들었을 때에는 나보다 더 나의 복귀를 응원해 주던 팀원들의 진심이 담긴 말 한마디로 세상 밖으로 나올 수 있었다. 수술 및 재활비로 천만 원가량 지출을 했지만 금주로 인해 약 15kg 다이어트(누군가는 이것을 보고 십자인대 다이어트, '쥬비스'라 칭한다)를 했고, 힘으로 하는 피지컬 축구가 아니라 머리로 하는 축구의 재미와 함께 팀 플레이와 전술에 대한 이해를 얻어 오히려 전보다 기량이 더 좋아졌다.

 그리고 얼마 전 무릎에 박힌 핀 제거 수술을 했다. 다시 오른 수술대는 전처럼 춥거나 두렵지 않았다. 한두 달가량 운동을 쉬어야 했지만 그런 건 이제는 나에게 전혀 문제가 되지 않는다. 다리가 아프면 눈으로라도 팀원들이 뛰는 모습을 보고 배우면 되고 심지어 재활 기간도 매우 짧았으니까. 게다가 입원 기간 내내 팀원들이 찾아와 맛있는 밥을 사주었고, 간병인으로 있던 엄마에게 팀원들의 소개도 시켜주었다. 엄마, 나랑 같이 뛰는 사람들이야. 내가 이 사람들 때문에 집에 안 가는 거야.

중요한 건 꺾이지 않는 인대가 아니라 꺾였어도 겸허히 받아들이는 마음 같다. 포기하지 않고 견디는 마음의 근원은 나를 기다려 주는 이들로부터 비롯한다는 사실을 절실히 알게 되었다. 그러니 나는 천만 원이 아깝지 않다. 그 대신 내 몸을 더 소중히 여기고, 그만큼 팀원들과 함께 뛰는 시간의 감사함을 깨달았다. 무릎에 스포츠 테이핑을 꼼꼼히 감고, 발에 꼭 맞는 풋살화를 신고 팀 유니폼을 입고 다 함께 잔디를 밟는다. 이제는 뛴다. 뛸 수 있다!

운동장으로 출근하겠습니다

운동장,
모든 순간의 교차점

로지

운동장이 준 선물

하루의 3분의 1은 침대 위에서 3분의 1 이상은 책상 앞에서 보내는 직장인으로서 나에게 온전히 주어진 나머지 시간을 어디에 얼마나 할애할지는 중요한 문제이다. (잘 기억도 나지 않는) 풋살을 시작하기 이전에는 주로 회사에 더 시간을 쓰거나 그렇지 않은 날에는 친구들을 만나거나 했던 것도 같은데, 이제는 그 시간을 팀 훈련 또는 개인 레슨, 소그룹 레슨을 하거나, 팀의 현재와 미래를 논의한다는 핑계로 팀카카오 사람들(이 사람들을 뭐라고 지칭해야 할까? 친구들? 같이 운동하는 사람들?)을 만나 함께 시간을 보내는 것으로 일상이 바뀌었다. 예를 들어 밤 10시에 함께 훈련을 마치고 헤어진 후 다음 날 오전 10시에 다시 만나 레슨을 받고, 점심을 함께 먹은 뒤 오후에는 여자 축구 경기를 보러 갔다가 저녁에는 친선 경기를 뛰는 식이다. 풋살을 하지 않는 사람들이 보기에는 다소 이해하기 어려운 스케줄로 퇴근 이후의 삶을 채우고 있는 셈이다.

10년 차 직장인으로 워라밸을 중요하게 생각했지만, 요즘은 풋살 앤 라이프 밸런스를 고민할 만큼 풋살에 푹 빠져 있는 것 같다. 오죽하면 회사에서는 로지는 본업이 운동선수냐고 할 정도로, 다소 뼈가 있는 말을 들을 때도 있지만 뭐 어쩌겠나, 그런 말을 들으면 반성하고 다시 업무에 몰입해야겠다! 하기보다는 '오, 예리한데?' 하고 넘겨버리곤 한다.

왜 나는 이렇게 주객전도의 삶을 살게 된 걸까? 아무래도 이놈의 풋살이 주는 플러스와 마이너스를 따져볼 필요가 있겠다.

풋살이 나에게 주는 이득을 따져보면, 제1의 이유는 팀 운동에서만 느낄 수 있는 도파민이다. 기존에도 달리기, 테니스, 요가, 필라테스, 헬스와 같은 운동들을 꾸준히 해왔지만 대부분 어제의 나 자신과의 겨루기를 하는 수양 측면 또는 사교 측면에서 접근했기 때문에 이런 운동이 주는 만족감이 분명 있지만 사실 이런 것들은 모두 예상 가능한 것들이었다. 풋살에서는 극적인 순간에 골을 넣어서 팀을 승리로 이끌고(사실과는 다를 수 있음) 마치 손흥민 선수가 된 것마냥 관중들을 향해 세리머니를 할 때, 남몰래 속을 앓던 주장의 첫 번째 골에 기가 막힌 어시스트를 했을 때, 평소에는 지나치게 내성적인 내가 운동장 위에서는 큰 목소리도 내고, 화도 내고 짜증도 내고 하는 것 자체에서 묘한 해방감과 짜릿함을 느끼는 것이다.

두 번째 이득은 풋살을 통해 30대 들어서도 마음으로 통하는 친구를 사귀게 되었다는 것이다. 별다른 외부 활동을 하지 않는 직장인이 새로운 사람을 알아갈 일이 많지 않고, 낯선 사람을 내 세계 안으로 초대하는 일은 나이가 들수록 어려워지기 마련이다. 코로나 시대를 겪으며 하루 종일 혼자 사는 집 안에만 갇혀 온라인으로만 일하고 친구들도 쉽게 만나지 못했을 때 처음 회사 동호회를 통해 풋살을 시작하게 됐다. 지금 돌이켜 보면 이마저도 추억인데 그때는 야외에서 운동을 할 때에도 반드시 마스크를 써야 했다. 우리는 처음 서로의 존재를 눈 위쪽으로만 분간하며 어색하게 운동만 하고 헤어졌는데, 그런 시간이 켜켜이 쌓이더니 어느덧 마스크를 벗게 됐고 이삼 년간 운동장 안팎에서 함께한 시간들과 그때 같이 흘린 땀 또는 눈물, 멋진 골처럼 터지는 웃음을 모아 보니 십년지기 친구들만큼이나 깊은 시간과 추억을 만들게 되었다. 올해 초 갑작스럽게 아버지가 돌아가셨을 때에도 같이 울어주고 위로해 준 동료들 덕분에 힘든 시간을 잘 이겨내기도 했다.

마지막 이득으로 가볍게 언급하고 싶은 건 맷집 강화이다. 김혼비 작가의 『다정소감』에서도 축구를 통해서 "집주인과 잘 싸우게 됐다."라는 표현이 나오는데, 나 역시도 풋살을 통해서 맷집에 대한 자부심이 생겨났다. 가령 '운동장에서 싸우면 너 정도는 그냥 이겨…….' 같은 이상한 생각이 회사 생활을 하는 데에도 큰 도움을 줬다. 운동장에서 치고받고 넘어지고 구르고 하다 보면 온몸에 군데군데 항상 멍이 들어 있는데, 이런 멍이 부끄럽기보다는 나의 강함과 전투력을 보여주는 훈장인 것 같아서 동네방네 자랑을 하고 싶다. 싸우는 게 능사는 아니지만 싸워야 할 때 싸울 줄 안다는 사실이 자기효능감을 높여준다고 생각한다.

운동장에서 치른 대가(代價)

 이렇게만 놓고 보면 '이 좋은 걸 왜 다들 안 해?' 싶겠지만 분명 풋살이 내게서 빼앗아 간 것들도 있다.

 첫 번째는 단연 여유 시간이다. 풋살이 빼앗아 갔다고 표현하기에는 내가 준 것에 가까워서 첫째로 꼽기에는 양심에 가책이 들기도 하지만, 대부분의 시간을 운동장 위에서 보내다 보니 풋살 이외의 것들에 집중할 수 있는 시간이 눈에 띄게 줄어들었다. 가족/비풋살인 친구들과 함께 보내는 시간이 많이 줄었고, 축구를 제외한 다른 취미 활동들을 모두 중단하게 됨으로써 삶에서의 즐길 거리가 풋살밖에 없는 사람이 되어버렸다. '우리'끼리는 늘 재미있었지만 팀카카오라는 내집단을 벗어나 다른 사람들을 만날 때에는 마치 소개팅에서 결이 다른 사람을 만나 억지로 시간을 보내는 것처럼 속으로는 '아 빨리 공이나 차고 싶다.' 생각할 때가 있기도 했다.

 인정하기 싫은 두 번째는 저속노화 시대에서 우리만

겪는 가속노화이다. 평일에는 사무실에서, 주말에도 실내에서 지낼 때와 달리 운동장에서 쬐는 햇볕은 휴양지의 그것과는 좀 달랐다. 넓은 파라솔 그늘 아래 보드라운 모래사장, 반짝이는 바다 윤슬……. 그런 낭만은 운동장 위에는 없었다. 용인, 평택, 안산, 화성, 일산, 하남, 의왕 등 경기도 일대의 으슥하고 문자 그대로 기울어진 운동장, 아니면 어디 복합쇼핑센터의 차양막도 없는 옥상을 밤낮없이 돌아다닌 우리들에게 남은 것은 자주 입는 반팔과 반바지의 소매 길이를 가늠케 하는 구릿빛 피부—태닝숍의 그것과는 다르고 운동장에서 하루 종일 놀다 온 짠맛 나는 어린아이의 찐득한 무엇을 닮았다—와 기미, 주근깨, 주름, 노쇠함 뭐 그런 것들이었다. 팀이 막 창단되었을 무렵의 사진을 같이 돌려보며 우리는 항상 "와 우리 진짜 젊었다!"라고 말하곤 하는데, 젊음과 미에 대한 예찬과 부러움보다는 '우리가 이렇게까지 지독했구나.' 하는 것이 외관상으로도 드러나는 것이 웃기다는 것에 더 가깝겠다. 그냥 가만히 있어도 똑같이 늙었을 텐데 풋살 핑계 대는 것이냐는 반박에는 대답하지 않겠다.

세 번째 실(失)은 연말 정산 지출 내역에서 의료비 비중이 높아졌다는 것이다. 특히 정형외과와 한의원의 방문 빈도가 높아지면서 병원에도 '단골'의 개념이 있다는 것을 굳이 알고 싶지는 않지만 알게 되었다. 이제는 병원 문을 들어서는 순간부터 "저희 병원 처음이세요?"가 아니라 "또 축구하다가 다치셨어요?"라는 반가운 인사를 듣게 된다. 판교 일대에는 어디 한의원이 용하다더라 등의 고급 정보들이 유통되었고, 실제로 회사 근처에서 병원에 가면 "요즘 풋살하시다가 오시는 여자분들이 정말 많으세요."라는 의사 선생님의 말씀을 종종 듣게 된다. '선생님 왠지 그거 어제 같이 친선한 네이버 분들인 거 같아요.'라고 속으로 생각하지만 "아 진짜요?" 정도로만 가볍게 대답하고 반반차 속에서 한방 에스테틱(사혈, 침술, 뜸)을 만끽하다가 부스스한 차림으로 회사로 다시 복귀하고는 한다.

그럼에도 다시 운동장으로

이 지점에서 풋살이 내게 주는 득과 실을 면밀히 검토하여 지속 가능성을 생각하지 않을 수 없을 것이다.

실보다 득이 크게 다가오는 어떤 날들에는 마음만큼은 프로 축구 선수처럼 모종의 직업의식을 가지고 몰입을 하게 된다. 이런 때에는 일주일은 7일이지만 축구 스케줄은 7보다 많은 8번이나 9번쯤 되고, 틈만 나면 경기 영상을 다시 돌려 보며 잘한 부분과 아쉬운 부분을 클립으로 잘라 테이프가 늘어지도록—다소 옛날 표현임— 재생한다. 회사에서도 회사 밖에서도 심지어 꿈에서도 축구 생각뿐이다. 장차 미래에 풋살을 중심으로 두고 내 삶을 어떻게 꾸려 나가야 할지에 대한 현실적인 고민, 회사원이 아니라 운동선수로서 갖춰야 하는 인프라, 여자 운동인들이 겪는 공감과 고충을 담아 지속 가능한 풋살 생활을 꿈꾸고는 한다.

반대로 득보다 실이 크게 다가오는 날들도 있다. 축구에만 매진하다가 일상생활이 다 무너졌을 때라든지, 친선 경기 중 우리 팀원의 십자인대가 끊어지는 모습을 바로 옆에서 지켜봐야 할 때라든지, 어떤 이유로 우리의 내집단을 떠나는 동료와 인사를 나누어야 할 때라든지, 풋살장에서 겪은 갈등을 사무실에까지 끌고 오게 될 때라든지……. 이런 순간에는 나의 본업은 운동선수가 아니라 직장인이라는 것을, 내 생활과 생계를 유지하는 것은 축구가 아니라 회사 일이라는 것을, 지금 소중한 사람들도 이 시기에만 교감하는 시절 인연이라는 것을 깨닫고는 연습도 2~3주에 겨우 한 번, 그토록 애타게 짝사랑했던 이 운동을 지나가는 한낱 취미처럼 데면데면 대하게 되는 것이다.

그러니까 풋살의 실효성은 좀처럼 명확하지 않고 완전히 좋다고만 하기도, 너무 해악하다고만 하기도 애매한 운동이다. 이토록 애매한 운동을 쉽게 그만두지 못하고 운동장으로 오래오래 출근하고 싶은 이유는 뭘까?

조금 더 좋은 날과 조금 더 나쁜 날이 반복된다는 것, 나는 풋살의 그 교차점을 사랑하고 있는 것 같다. 골을 넣고 승리에 기뻐하는 날이 있는가 하면, 샤워 부스 안에서 오열하고 좌절하는 날이 있다. 119 구급차에 두툼하게 실려 가는 날이 있는가 하면, 재활 후 날렵하게 복귀하여 다시 운동장에서 함께 뛰는 날이 있다. 출석 꼴찌가 금고지기 총무가 되기도 하고, 사무실에서 눈치 보던 막내는 운동장에서 주장이 되기도 한다. 언젠가는 풋살 시절을 까마득히 잊고 결국 헤어진다는 걸 알면서도, 우리는 지금 기꺼이 함께 울고 웃으며 필드 위를 달린다.

그리고 그 필드 위에서 나는 나 자신을 마주하게 된다. 공을 차는 순간만큼은 직장인도 누군가의 기대에 부응해야 하는 사람도 아닌 그냥 나로서만 존재할 뿐이다. 운동장에서는 내가 해야 하는 일, 내가 따라야 하는 규범, 사회의 시선 이런 것들도 그다지 중요한 것이 아니게 된다. 나는 숨기고 회피해 온 감정들을 마주하는 법, 싸우는 법, 낙법, 일어나는 법, 헤어지는 법, 타인의 품에 안기어 우는 법을 운동장 안팎에서 배워 나가며 나 자신을 새로운 시각으로 바라볼 줄 알게 되었다.

"평생 풋살할래요!"라고 말하기에는 평생이란 단어가 조금 사치스러운 것도 같다. 앞으로 어떤 손실이 또 생기고 그것이 얼마나 크게 다가올지는 모르겠지만 지금은 그저 풋살의 교차점에서 만나는 사람들과 나다움의 감각, 이 감각이 주는 자유로움을 오래도록 사랑하고 싶다.

• 에필로그 •

모두의 러브레터

− 파인

풋살 3년 차, 누군가는 애송이 같다고 느낄 연차이지만 공사다 망한 직장인의 삶 속에 똑같은 사람들과 똑같은 취미를 몇 년간 이어간다는 것은 쉬운 일이 아니다. 다 같이 타올랐기에 짧은 시간 동안 압축적으로 다양한 감정을 느낄 수 있었고, 또 영원하지 않을 것이라는 것을 너무나 잘 아는 어른이기에 이 소중하고 유한한 순간들을 어떤 형태로든 남겨놓아야 한다고 입버릇처럼 말하곤 했다. 풋살에 대한 열정이 오락가락하고 있다고 느껴진 어느 날, 이젠 진짜 뭐라도 해야 할 것 같았다. 폭주기관차 같던 풋살 중심의 일상은 어느새 정상 가도를 찾았기에 모두들 예전만큼 운동에 많은 시간을 쏟지 않았고, 웃기고 슬프고 감동적이었던 에피소드들은 머릿속에서 엄청난 속도로 휘발되어 갔다. 그렇게 조급해진 마음으로 총무 은퇴(Thanks To 샌디) 이후 오랜만에 글쓰기 프로젝트 모집 공지를 올렸다.

잠도리엔 누구보다 자신이 있었기에, 그리고 파인의 잠도리에 익숙해진 순한 양 같은 몇몇의 팀원이 있었기에 글쓰기 인원은 충분히 모일 것이라고 자신했지만 이렇게 많을 줄은 몰랐다.
(그렇구나, 다들 나서줄 사람만 기다리고 있었구나……. 이 뼛속까지 직장인들 같으니!)

글이라곤 인스타 스토리가 최대인 직장인 10명의 일정을 조정하고 5,000자 이상의 글을 모아야 한다는 사실이 부담스럽긴 했지만, 글쓰기 영감을 핑계로 가고 싶었던 단체 여행도 가보고 편집부터 마케팅까지 각자의 능력치대로 골고루 부려먹을 수 있었기에 사실 그렇게 힘들지만은 않았다. 물론 원치 않게 밤새가며 피고름으로 작업해 준 편집자 엘라에게 미안한 마음은 크지만, 그토록 고대하던 파인의 인정을 얻어내었음이 위로와 보상이 되었길 양심 없이 바라본다.

긴 글쓰기에 익숙하지 않은 팀원들이 한두 달간 고통 속에서 쥐어짜 낸 글들을 받아보며, 이 프로젝트를 시작하길 정말 잘했다는 안도감이 들었다. 각자의 문체로 담담하게 써 내려간 글들을 읽으며 그들이 운동장으로 나오기까지의 보이지 않는 과정들이 눈앞에 선하게 그려졌기 때문이다. 누군가는 쌓인 업무에 치여 시계를 자꾸만 보며, 누군가는 도망가고 싶은 마음과 싸우며, 또 누군가는 눈물을 닦고 신발 끈을 두세 번씩 고쳐 매고 나왔을 것이다. 운동장에선 모두 웃고 있었기에 알 수 없었던 각자의 시간들이 더욱 선명하게 와닿았고, 마냥 즐겁지만은 않았을 성장의 시간들을 함께 버텨준 인연들이 새삼 고마우면서도 한 뼘쯤 더 가까워진 것만 같았다. 그리고 제각기 써 내려간 글들의 마지막은 하나같이 동료들에 대한 사랑의 고백이었기에, 마치 한 편의 러브레터 모음집을 만들어 낸 것만 같은 뿌듯한 마음이 들기도 했다.

시간이 많이 흘러 이 책을 꺼내게 되었을 때 3년 차의 풋내기 같은 고백이 민망하게 느껴질 날도 있을 것이다. 그렇지만 모든 러브레터란 그런 것이다. 대상에 대한 감정이 넘쳐흐를 때야 비로소 쓸 수 있는 것이니 지나고 보면 당연히 부끄럽지만, 그래서 또 언제든 그때의 행복하고 절절했던 감정을 소환할 수 있는 것이 아닐까?
("파인이 그걸 어떻게 알아요?"라는 누군가의 목소리가 들리는 것 같다)
서툴렀지만 진심이었던 나의 시작의 순간들과 그 순간들을 함께한 소중한 인연들에게 보내는 모두의 러브레터가 팀카카오 동료들에게, 그리고 또 사랑과 열정을 쏟아부을 만한 무엇인가를 찾는 많은 이들에게 잘 전달되었으면 한다.

• 에필로그 •

진심과 미숙함을 담은 우리의 그라운드
— 엘라

에필로그를 퇴고하는 지금, 연말을 향해 달려가고 있다. 팀카카오 송년회를 앞두고 올해 기억에 남았던 일, 고마웠던 멤버, 가장 성장한 멤버 등을 투표하고, 올 한 해를 갈무리하면서 이 책을 함께 쓴 여러 얼굴이 먼저 떠올랐다. 생각보다 이 사람들을 더 많이 좋아하게 됐구나. 이 무한한 애정에 덜컥 두려움이 들기도 했다. 앞으로 더 많이 사랑하게 되면 어떡하지? 더 사랑할 게 남았다니……. 어쩐지 축구 실력 대신 서로를 향한 마음만 레벨업한 기분이 들기도 하지만 그런 의미에서 글쓰기는 정말 위대한 행위일지도 모른다.

축구 에세이 쓰기 모임은 꼭 해보고 싶었지만 이렇게 갑작스럽게 하게 될 줄은 몰랐다. 메모장에 틈틈이 적어둔 에세이 주제들을 파인에게 보낸 게 실수였을까? 파인은 '엄격한 관리자형'답게 나에게 편집 일을 시키겠다고 선포했고 나는 '극한의 회피형'답게 벌어지고 있는 일들을 모른 체하기 바빴다. 이 책의 편집을 맡아달라는 요청을 받았을 때는 정말이지 말 그대로 도망치고 싶었다. 나는 오프사이드 라인보다 데드라인을 지키는 게 더 어려운 사람이고, 게다가 편집 일을 그만둔 지도 1년이 넘었는데(심지어 나는 소설 편집자였다) 이게 무슨 날벼락인가 생각했다. 다들 기한을 맞춰, 쓰고 싶은 내용을 정리하고, 이를 바탕으로 키워드를 잡고, 글을 쓰게 독려하고, 원고를 받아내면서 다들 정말 '진심'임을 알 수 있었다. 그런 진심을 흐린눈하며 작업 내내 죄송하다는 말과 함께 기한을 번복하였다. 그리고 모든 작업을 마쳐가는 지금, 다시 한번 모든 멤버들에게 진심 어린 사과와 감사를 전하고 싶다.

『운동장으로 출근하겠습니다』를 작업하면서 멤버들의 새로운 면모를 목격할 수 있었다. 정갈한 시트 작업과 초고임에도 불구하고 상당한 완성도와 각자의 성격을 꼭 닮은 문체, 리그전을 앞두고 엄청난 추진력으로 나온 귀여운 책갈피, 고급 개발 인력을 갈아 만든 풋살 MBTI 테스트, 그리고 늦은 밤까지 서로의 글을 읽고 남긴 피드백과 이모티콘들, 고퀄리티의 카드뉴스, 오가는 표지 레퍼런스……. 우리는 어째서 이 많은 재능과 아이디어를 숨긴 채 운동장에서 되지도 않는 발길질만 하고 있었던 것일까?(그렇다. 우리는 직장인일 때 더 빛난다)

누군가는 말할 것이다. 제대로 된 대회에서 우승 경험도 없는 팀이 여성 풋살 팀을 대변할 수 있냐고(물론 대변하려고 든 적도 없다). 우리의 이야기는 풋살을 겸하고 있지만 결코 풋살만의 이야기는 아니다. 팀카카오는 느리지만 우리의 속도로 걷고, 그 속도를 사랑한다. 넘어지면 뒤처진다고 누군가를 탓하기보다는 때로는 그 모습이 웃기다며 사진으로 남기려 하고 그 사진을 송년회 때 같이 보자며 우리의 나중을 약속한다. 각자의 새로운 면을 발견하기도 하고 알고 있던 모습이 깨어지기도 하면서 서로를 더 알게 된 것 같다. "사랑해."라고 쓰지 않았을 뿐 이 책의 메시지는 하나라 생각한다. 그러니까 앞으로도 이 관성을 그런대로 유지하면 될 것 같다.

어쩐지 출석도, 출판도 책임지게 된 우리의 앞날은 여전히 가늠하기가 어렵다. 하지만 감히 말해보고 싶다. 이 사람들은 왠지 세 번째 책, 2030년 송년회, 아마추어 지역 풋살 리그 결승전에도 뻔뻔하게 얼굴을 비추고 있을 것 같다. 이런 말은 왠지 부끄럽고 이상하지만 우리는 이미 서로의 볼품없는 슈팅과 어설픈 패스도 사랑하는 사이가 되어버렸다. 어쩌면 그래서 우리는 앞으로도 축구장 안팎에서 서로의 모든 순간을 함께 만들어 갈 것이다. 우리의 이야기는 여기서 끝이 아닌, 새로운 시즌의 시작일 뿐이니까.

운동장으로 출근하겠습니다

초판 1쇄 발행 2025. 2. 20.

지은이 보니, 제이시, 카야, 파인, 그린, 제인, 젤다, 샌디, 지젤, 엘라, 로지
펴낸이 김병호
펴낸곳 주식회사 바른북스

편집진행 박하연
디자인 김효나

등록 2019년 4월 3일 제2019-000040호
주소 서울시 성동구 연무장5길 9-16, 301호 (성수동2가, 블루스톤타워)
대표전화 070-7857-9719 | **경영지원** 02-3409-9719 | **팩스** 070-7610-9820

•바른북스는 여러분의 다양한 아이디어와 원고 투고를 설레는 마음으로 기다리고 있습니다.
이메일 barunbooks21@naver.com | **원고투고** barunbooks21@naver.com
홈페이지 www.barunbooks.com | **공식 블로그** blog.naver.com/barunbooks7
공식 포스트 post.naver.com/barunbooks7 | **페이스북** facebook.com/barunbooks7

ⓒ 보니, 제이시, 카야, 파인, 그린, 제인, 젤다, 샌디, 지젤, 엘라, 로지, 2025
ISBN 979-11-7263-972-3 03810

•파본이나 잘못된 책은 구입하신 곳에서 교환해드립니다.
•이 책은 저작권법에 따라 보호를 받는 저작물이므로 무단전재 및 복제를 금지하며,
 이 책 내용의 전부 및 일부를 이용하려면 반드시 저작권자와 도서출판 바른북스의 서면동의를 받아야 합니다.